Sarah Stillman

Du bist du!

Für Papa, Mama, Scott und Joni Mitchell.
Sarah

Die Informationen in diesem Buch wollen Ratschläge und Wissen vermitteln. Sie sind nicht zur Diagnose oder Behandlung körperlicher oder seelischer Krankheiten gedacht. Sie können den Rat eines Arztes oder Psychologen nicht ersetzen. Die Autorin und der Verlag übernehmen keine Haftung für eine falsche Anwendung der Informationen.

Du bist du!

Haufenweise Tipps zum Glücklichsein und Glücklichwerden

geschrieben von Sarah Stillman, 16 Jahre alt,
und illustriert von Susan Gross

Verlag Hermann Bauer
Freiburg im Breisgau

Die Deutsche Bibliothek – CIP-Einheitsaufnahme

Ein Titeldatensatz für diese Publikation ist bei
Der Deutschen Bibliothek erhältlich.

Die amerikanische Originalausgabe erschien 2000 bei
Beyond Words
20827 N.W. Cornell Road,
Hillsboro, Oregon 97124-9808, USA
unter dem Titel *Soul Searching – A Girl's Guide to Finding Herself*
© 2000 by Sarah Stillman
Illustrationen von Susan Gross

Aus dem Amerikanischen von Martin Rometsch
Lektorat von Claudia Alt

1. Auflage 2002
ISBN 3-7626-0851-2
© für die deutsche Ausgabe 2002 by
Verlag Hermann Bauer GmbH & Co. KG, Freiburg i. Br.
www.hermann-bauer.de
Das gesamte Werk ist im Rahmen des Urheberrechtsgesetzes geschützt.
Jegliche vom Verlag nicht genehmigte Verwertung ist unzulässig. Dies gilt
auch für die Verbreitung durch Film, Funk, Fernsehen, fotomechanische
Wiedergabe, Tonträger jeder Art, elektronische Medien sowie für auszugsweisen Nachdruck.
Umschlag: Karin Jerg, Ballrechten-Dottingen
Umschlagfoto: Mauritius Die Bildagentur
Satz: CSF · Computersatz Freiburg GmbH, Freiburg i. Br.
Druck und Bindung: Druckerei Ernst Uhl, Radolfzell
Printed in Germany

Inhalt

Vorwort der Autorin   S. 7

1. Sich selbst suchen – geht das?
Der Blick nach innen   S. 13

2. Bring Ruhe in deine Welt
Schaffe dir dein Heiligtum durch Farben, Feng Shui und Aromatherapie   S. 27

3. Befreie deinen Körper
Yoga, Massage und Kuren   S. 43

4. Lass deine Gedanken zur Ruhe kommen
Entspannung, Meditation und Visualisieren   S. 63

5. Finde den Schlüssel zu deiner Seele
Dein Tagebuch   S. 77

6. Schlaf drüber!
Traumdeutung   S. 89

7. Pflege deine wahren Leidenschaften
Was tust du am liebsten?   S. 101

8. Sorge für gutes Karma
Anderen und sich selbst helfen   S. 113

9. Werde Philosophin
Tiefgründige Fragen   S. 129

10. Erforsche die Religionen der Welt
Wohnt ein Buddha in dir?   S. 145

Die Reise endet nie
Wie geht's weiter?   S. 165

Vorwort der Autorin

Ich überfliege den Zeitschriftenstand meiner Buchhandlung. Neben mir steht ein mageres Mädchen mit Sommersprossen. Sie dürfte elf oder zwölf sein, aber mit ihren Schlaghosen und den klobigen, hochhackigen Schuhen will sie anscheinend älter aussehen. Ich bemerke das Teenymagazin, das sie in der Hand hält und ihr versichert: »So kriegst du deinen Traumboy!« Ich weiß, dieses Mädchen sucht nach Antworten. Aber warum hofft sie, diese Antworten in einer oberflächlichen Zeitschrift zu finden?

Ich weiß, warum. Ich weiß es, weil ich auch einmal Rat und Zuspruch in diesen Magazinen gesucht habe. Ich wollte ein bisschen hübscher sein und ein noch modischeres Outfit haben – dann wäre ich beliebter und somit glücklicher. Klar, mit der Zeit merkte ich, dass es so nicht geht. Nachdem ich Dutzende von Artikeln gelesen hatte, die versprachen, mich attraktiver oder gar unwiderstehlich zu machen, dämmerte mir, dass ich immer noch dieselbe Sarah war – abgesehen davon, dass ich mich noch unzufriedener mit meinem Leben, meinem Aussehen und meinem Platz in der Gesellschaft fühlte. Umfragen belegen, dass ich damit nicht allein stehe: Siebzig Prozent aller Frauen mögen sich selbst noch weniger, wenn sie eine Modezeitschrift gelesen haben.

Das ist leicht zu erklären. Kosmetikfirmen, Modedesigner, Schönheitschirurgen und viele andere verdienen ihr Geld damit, dass wir uns selbst nicht leiden können. Immerhin setzt die amerikanische Diätindustrie dank unserer Unsicherheit 33 Milliarden Dollar im Jahr um. Die Artikel in den Modemagazinen sind angefüllt mit Versprechungen und fordern uns auf: »Besorg dir den Körper, den du verdienst!« oder »Entdeck die Geheimnisse der Schönheit!« Doch die Wahrheit lautet: Die Macher dieser Zeitschriften wollen uns gar nicht helfen – sie wollen uns etwas verkaufen! Sie bieten uns nichts als leere Versprechungen. Leider musste ich das auf die harte Tour lernen. Dann wollte ich etwas Neues lesen ... etwas Intelligentes.

Also suchte ich im Regal meiner Mutter nach guten Büchern. Da standen haufenweise verstaubte Romane und uralte Lehrbücher – und ein Titel, der mich interessierte: *Pubertätskrisen junger Mädchen und wie Eltern helfen können*. Der Titel machte mich sofort neugierig. Ich begann zu lesen und fragte mich, ob mich jemand retten musste und ob dieses Buch mir helfen konnte. Stattdessen entdeckte ich folgende erschreckende Aussagen:

Mädchen werden heute viel stärker unterdrückt. Sie wachsen in einer gefährlichen, mit Sex geschwängerten und von den Medien beherrschten Gesellschaft heran. Sie stehen unter einem unglaublichen Druck, schön und schick zu sein, und das bedeutet, schon als junger Teenager Chemikalien zu benutzen und sexy auszusehen. Und wenn Mädchen sich in die gefährliche Welt hinauswagen, sind sie weniger behütet als früher.

Die Autorin, Dr. Mary Pipher, ist davon überzeugt, dass das »Erwachsenwerden« für die meisten jungen Frauen eine schmerzliche, die Identität erschütternde Lebensphase ist. *Werden wir tatsächlich unterdrückt?*, fragte ich mich. *Ist unsere Gesellschaft wirklich so gefährdet und wird sie derart von den Medien beherrscht, wie Mary Pipher meint? Wenn ja – was sollen wir tun?*

Vorwort der Autorin

Dann suchte und fand ich weitere Hinweise darauf, dass dieses Buch die Schwierigkeiten der meisten Teenys nicht übertrieben hat: Eine gute Freundin litt an Bulimie, einige Mitschüler nahmen Drogen, und in vielen Telefongesprächen musste ich so manchen meiner Freunde trösten. Ich hörte auch bei den Nachrichten genauer zu:

- 61 Prozent aller Mädchen in den Vereinigten Staaten haben im letzten Jahr eine Diät gemacht, aber nur 11 Prozent sind tatsächlich übergewichtig.
- 25 Prozent aller Mädchen leiden an einer Depression.
- In manchen amerikanischen Städten haben bis zu 40 Prozent der Mädchen schon an Selbstmord gedacht.

Diese Zahlen jagten mir Angst ein, und die Frage wurde immer drängender: *Was kann ich dagegen tun?*

Tja, ich hatte bereits eine fruchtlose Suche in Teenyzeitschriften hinter mir, daher wusste ich, dass sie mir nicht weiterhelfen konnten. Also streifte ich durch die Bibliothek und forschte nach einem Buch für junge Mädchen, die »auf der Suche nach sich selbst« sind und etwas Tiefgründiges, Spirituelles lesen wollen. Aber ich fand kein einziges Buch, das mich als modernen Teenager ansprach. Ich suchte sogar im Internet nach Begriffen wie »Spiritualität für Mädchen« – und bekam eine Liste mit pornographischen Seiten!

Das war mein letzter Strohhalm gewesen. Mir war klar, dass jemand ein Buch für Mädchen schreiben musste, die sich vom Erwachsenwerden nicht unterkriegen lassen wollen. Und warum sollte *ich* nicht dieser jemand sein? Psychologen wie Mary Pipher können ja nur aus einiger Entfernung beurteilen, was junge Frauen von heute brauchen. Als Sechzehnjährige weiß ich, was es heißt, Gewalt, Drogen und das Heranwachsen zu fürchten, und dank meiner eigenen Erfahrungen verstehe ich den Wunsch, beliebt und schön zu sein. Und vor allem weiß ich, wie aufregend es ist, sich mit Hilfe der Selbsterfahrung all diesen Problemen zu stellen.

Es dauerte zwar mehrere Jahre, aber schließlich lernte ich, dass »Seelenforschung« mich vor den Giften unserer Gesellschaft schützen kann. Dieser Prozess begann in der siebten Klasse, und zwar auf sehr intensive Weise. Damals hatte ich Albträume, in denen ich gejagt wurde und in Abgründe fiel. Lieber blieb ich die ganze Nacht wach! Doch irgendwann kam mir die Idee, meine Träume aufzuschreiben und sie als Botschaften des Unbewussten zu deuten. Mit der Zeit wurde mein Traumtagebuch mehr als eine Wiederaufbereitung meiner nächtlichen Visionen. Es entwickelte sich weiter und half mir, meine Welt zu verstehen.

Die Traumdeutung war mein Ausgangspunkt. Dann begann ich, über meine Spiritualität nachzudenken. Seither suche ich begierig nach Möglichkeiten, meiner Intuition zu folgen und mehr über mich selbst zu lernen. Jedes neue Hilfsmittel, das ich entdeckte – von der Meditation bis zum Feng Shui –, ermutigte mich weiterzumachen. Eines wurde mir allmählich klar: Je intensiver ich mich selbst erforschte, desto leichter fiel es mir, die Probleme meines Lebens zu bewältigen – treulose Freundinnen, die hohen Erwartungen meiner Eltern, Stress in der Schule und so weiter.

Jetzt versuche ich jeden Tag (okay – *fast* jeden Tag), in meinem Tagebuch Gefühle abzureagieren, durch Meditation einen klaren Kopf zu bekommen und meinen Körper mit Yoga zu beruhigen. Natürlich habe ich noch nicht alle meine Albträume und Ängste besiegt, aber ich habe bestimmt Fortschritte gemacht, und darum möchte ich meine Erfahrungen mit Mädchen auf der ganzen Welt teilen. Ich glaube, das hilft uns, über die negativen Kräfte zu triumphieren, von denen in Büchern wie jenen von Mary Piper die Rede ist.

Vorwort der Autorin

Dieses Buch ist einzigartig. Ich habe es für Mädchen geschrieben, die wissen wollen, wer sie wirklich sind ... für Mädchen, die gerne nachdenken und die sich weiterentwickeln wollen ... für Mädchen, die glücklich sein wollen und bereit sind, etwas dafür zu tun.

In diesem Buch findest du jede Menge Methoden, die dir dabei helfen können, von der Traumdeutung über die gemeinnützige Arbeit bis zur Aromatherapie. Fragen, die zum Nachdenken anregen sowie einige Tests begleiten dich auf dem Weg zu deiner inneren Weisheit. Natürlich kann ein Buch nicht schlagartig deine Probleme lösen oder dein Leben verändern. Aber wenn dir wirklich daran liegt, dich selbst zu erforschen, *kommt der Wandel von selbst.*

Du gehst auf eine Reise, die wahrscheinlich die wichtigste deines Lebens ist. Die bloße Tatsache, dass du dieses Buch liest, beweist, dass du dein wahres Selbst entdecken willst. Bitte rede mit Freundinnen über die folgenden Seiten, sprich mit deiner Familie darüber, und versuche, nützliche Tipps im Alltag anzuwenden. Ich würde mich freuen, von dir zu hören. Schreib mir über deine Erfahrungen mit diesem Buch und über deine Reise zu deinem wahren Selbst.

Mit den besten Wünschen

Sarah Stillman
E-Mail: soulsearch16@hotmail.com

1. Sich selbst suchen – geht das?

Der Blick nach innen

»Ich kann nicht beschreiben, wie weh es tut, die Sicherheit in der Gruppe zu verlieren. Dort habe ich mich immer geborgen gefühlt, und ich wusste, dass jemand neben mir steht. Es ist viel leichter, wenn du und deine Freundinnen wie gleiche Personen sind, die gleiche Identität haben und überall zusammen hingehen.«

Mein Tagebuch, 28. Mai 1997

Die bangen Eintragungen in meinem Tagebuch bestätigen, wie hart die siebte Klasse für mich war. Ausgewählte Cliquen und schmerzhafter Klatsch nagten an meiner Selbstachtung und zwangen mich, viele Fragen zu stellen. Sollte ich mich ändern, mich anpassen, um beliebt zu sein und anerkannt zu werden? War ich auch allein ein vollwertiger Mensch oder nur durch viele Freundschaften? Lohnte es sich überhaupt, »cool« zu sein?

Sich verletzt zu fühlen, ist manchmal offensichtlich notwendig, um das Bedürfnis nach Selbsterforschung zu wecken. Was mich betrifft, so suchte ich nach meinem inneren Wert, weil andere Jugendliche mich ablehnten. Du hast vermutlich deine eigenen Gründe. Vielleicht willst du dich nach einer schwierigen Zeit selbst akzeptieren. Oder es ist dir bisher gut gegangen, aber du denkst: »Das kann doch nicht alles sein!«

Egal, warum du dieses Buch geöffnet hast – du stehst vor der gleichen Herausforderung wie alle anderen: Du musst auf dich selbst hören. Früher ist mir das schwer gefallen. Ich war so unentschlossen, dass ich zehn Minuten brauchte, nur um die richtige Eiscreme auszuwählen – an einem *guten* Tag. Oft wollte ich meine Mama für mich entscheiden lassen oder ich zeigte auf meinen Bruder und sagte: »Ich nehme, was er nimmt.« Doch allmählich lernte ich, was *ich* wollte. Ich gewöhnte mir an, die Augen zu schließen, mir jeden einzelnen Geschmack auf der Zunge vorzustellen und ihm eine Note zu geben. Auf einmal war es tausendmal leichter, mich zwischen Vanille und Banane, zwischen Waffel und Becher zu entscheiden.

Klar, es hört sich komisch an, wenn ich ein Buch über unsere spirituelle Reise mit einem Eiscremeproblem beginne. Aber es ist nun mal nicht leicht, die eigenen Wünsche respektieren zu lernen. Zum Glück brachte mir das fünfte bis achte Schuljahr eine Menge über Selbstbewusstheit bei. Ich benutzte meinen Kopf also nicht nur dafür, mögliche Eiscremes zu testen, sondern ich entdeckte in mir auch einen stillen Raum, der mich daran erinnert, wer ich wirklich bin. Dorthin ziehe ich mich zurück, wenn ich unentschlossen oder unzufrieden bin und wenn unterschiedliche Gefühle miteinander kämpfen.

Natürlich wissen wir im Inneren, was am besten für uns ist – sofern wir uns selbst zuhören. Sich selbst finden heißt, diese innere Weisheit anzapfen, so wie eine Antenne unsichtbare Radiowellen in zauberhafte Musik umwandeln kann. Es ist nicht schwer, die eigene Antenne auszufahren. Die in diesem Buch beschriebenen Methoden, zum Beispiel Tagebuch schreiben, Yoga und Meditation, helfen uns dabei. Der erste Schritt besteht jedoch darin, dass wir Weisheit in unser Leben fließen lassen.

Wenn du bereit bis, mit der Seelenforschung zu beginnen, dann löse die folgenden einfachen Aufgaben. Such dir aber eine ruhige Zeit und einen ruhigen Ort. Der Pausenhof deiner Schule ist

Sich selbst suchen – geht das?

wahrscheinlich nicht der geeignetste Platz, wenn du deine innersten Gefühle ergründen willst! Denk gut über jede Frage nach, und schreib die Antworten in ein Notizheft, in ein Tagebuch oder auch in dieses Buch.

Test: Alles über mich selbst!!!

1. Heute Abend gibt dir jemand einen Zaubertrank, mit dem du etwas an dir ändern kannst. Trinkst du ihn? Wenn ja, was änderst du an dir?

2. Zähle zehn Dinge auf, die dir große Freude machen (Kung-Fu-Filme, Radfahren, Haustiere usw.):

3. Zähle fünf deiner Fähigkeiten auf, mit denen du zufrieden bist (Matheaufgaben lösen, Witze erzählen, Malen usw.):

4. Zähle fünf Dinge auf, die dich unsicher machen, und nenne den Grund:

5. Denk an einen Menschen, den du bewunderst. Was hat er an sich, was macht ihn so großartig? Hast du diese Eigenschaften auch?

6. Denk an einen Menschen, der dich ärgert, dich wütend macht oder deine Gefühle verletzt. Warum hat er auf dich diese Wirkung? Behandelst du andere manchmal auch so?

7. Was gefällt dir an der Welt und an unserer Gesellschaft? Schreib drei Dinge auf, die dir Hoffnung machen, und drei Dinge, die du gern ändern würdest:

Test:

1

Nein ich würde ihn nicht trinken!

2
- viele Kinder die helfen ~~etwas~~
- neue Freundschaften
- Schlittschuhfahren
- organisieren
- aufräumen
- solche Bücher lesen
- alte Sachen wegschmeissen
- shoppen
- mit Pflanzen arbeiten
- Volleyball spielen

3
- organisieren
- Volleyball
- Babysitten
- spicken
- gute Sprüche zur richtigen Zeit

4
- schräge/komische Bemerkungen
- wenn ein Lehrer dich ganz lange ansch.
- wenn ich meine Meinung sagen muss obwohl ich nicht checke worum es geht!
- wenn ich unter Zeitdruck stehe
- wenn viele Leute mich anschauen z.B. Vorspiel, Aufführung aber not wenn alleine

4

① Weil ich nicht weiss was darauf antworten

② soll ich zatöd man kriegt komisches Gefühl! Was hatt man falsch gemacht

③ Angst das sie mich auslachen und es rumerzählen

④ Weil im Stress verlier ich manchmal die Übersicht.

⑤ Das ich was falsch mache, rot werd ich fühle mich nicht wohl!

5

Julia Stiles! schlagfertige Antworten und zum überkumpfen, blond Haare, ich: blonde Haare, bessere Figur, schönere Kleider

6

Wegen seinen Sprüchen die so sinnlos manchmal gemein sind verletzen mich, verunsichern und ärgern mich!
Denn ich achte sehr darauf das ich andere nicht so behandle weil ich weis wie es ist.

7

Das es Ausverkaufe gibt! und viele organisierte Gruppen die für das gute Protestieren.
2. Die vielen(kl) Kinder 3. solche Frauen wie Calm Rey

7
- es müsste geregelt werden wie viel Frauen und Männer im Bundeshaus.
- ich würde gerne den Armen mehr helfen
- die neugebauten Häuser wieder abbrechen u. stattdessen wieder Bäume, Büsche pflanzen.

8

Vor ca. 4 Wochen weil ich nach dem training nicht mehr eine heisse Dusche hatte! Das verletzte mich sehr. Die Gefühle bei Zionel sind sehr eigenartig! Manchmal beschimpfen wir uns dann ist es normal weil wir eigentlich Feinde sind doch plötzlich ist er dann ganz lieb & süss zu mir!?

9

Nein sie zwingen mich (eigentlich) nicht!!!

10
- lustig
- sanguinisch
- Türkis
- selbstbewusst
- stiere meines, meistens durch
- Baum
- manchmal zickig
- dunkel Gelb
- freudvoll
- offen

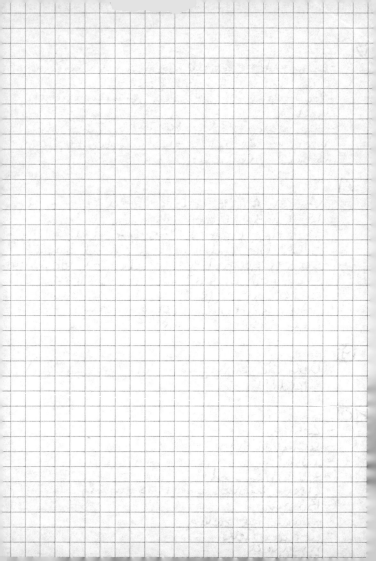

8. Wann hast du zum letzten Mal geweint und warum? Wann hast du zum letzten Mal tiefe Gefühle empfunden? Beschreibe diese Situationen:

9. Zwängen andere dich in ein Klischee? Wenn ja, nenne drei Beispiele, und erkläre auch, warum du damit nicht einverstanden bist (vielleicht behaupten die Leute, du seist ein Bücherwurm, obwohl du auch viel Zeit mit Freundinnen verbringst, schwimmen gehst usw.):

10. Beschreibe dich selbst mit zehn Worten. Es können Adjektive, Tiere, Dinge oder Farben sein – alles, was deine Persönlichkeit symbolisiert:

Lies deine Antworten noch einmal durch. Hast du je zuvor über diese Fragen nachgedacht? Wie vertraut bist du mit dir selbst? Halte deine Antworten griffbereit, und wirf immer wieder einen Blick darauf, während du weiterliest. Einige Antworten ändern sich vielleicht, weil du lernst und innerlich wächst. Trau dich also ruhig, sie deiner Entwicklung anzupassen.

Na schön – was also *ist* Selbsterforschung?

? Bevor du weitermachst, solltest du darüber nachdenken, was es heißt, sich selbst zu suchen, und warum es sich lohnt. Es kommt nicht darauf an, ob du an eine Seele glaubst oder nicht. Selbst Leute, die nicht daran glauben, können kaum bestreiten, dass es ein inneres Selbst gibt, das anders ist als das Bild, das wir nach außen zeigen. Hast du nie gespürt, dass dein »wahres Selbst« anders ist als dein Verhalten Freundinnen, Angehörigen und Bekannten gegenüber?

Wir müssen mit unserer inneren Stimme vertraut werden, sie verstehen und ihr folgen. Die fehlende innere Kommunikation ist der eigentliche Grund für viele Probleme, die junge Mädchen haben: Essstörungen, Drogen, Einsamkeit, geringe Selbstachtung. Wenn wir uns selbst vertrauen, ist es viel einfacher, sich den negativen Bildern der Medien und dem Druck der Clique zu widersetzen. Und die Belohnung ist groß:

- Wir werden kreativer und intuitiver.
- Wir trauen uns zu, unsere Träume zu erfüllen.
- Wir kommen mit Freundinnen, der Familie und anderen Menschen besser aus.
- Wir leben friedlicher, sinnvoller und erfüllter.

Außerdem darfst du von den Methoden, die du hier kennen lernst, noch weitere großartige Vorteile erwarten:

- weniger Stress, besseren Schlaf und Traurigkeit und Frust verschwinden
- eine bessere Kommunikation zwischen der rechten und der linken Gehirnhälfte
- größere geistige Klarheit und mehr körperliche Energie

Wie du siehst, lohnt es sich, Zeit und Mühe für die Selbsterforschung aufzubringen. Und neben dem offensichtlichen körperlichen und seelischen Nutzen gewinnst du eine Menge Kraft, wenn du mit deiner inneren Stimme vertraut bist. Diese Stimme hilft dir nämlich, dich in deiner Welt gelassen und voller Selbstvertrauen zu bewegen.

Im Test »Alles über mich selbst« hast du bereits einige wichtige Fragen beantwortet. Doch es gibt noch viel, viel mehr zu fragen. Wir sind daran gewöhnt, dass alles schnell geht. Wir benutzen Mikrowellenherde, E-Mail, Haartrockner und so weiter. Aber wenn du dich selbst finden willst, gibt es kein Schnellverfahren – du wirst immer auf der Suche sein. Manche Leute glauben, ein Mädchen könne sich nie voll und ganz verstehen, und der amerikanische Schriftsteller Henry David Thoreau sagte einmal: »Es ist schwerer, sich selbst zu kennen, als nach hinten zu schauen, ohne den Kopf zu drehen.« Mag sein – aber allein der Versuch trägt reiche Früchte!

Für so was hab ich keine Zeit!

Leider sind wir meist so beschäftigt, dass wir kaum noch Zeit für uns selbst haben. Wahrscheinlich sind alle Teenager der Meinung, dass sie zu viele Pflichten in zu kurzer Zeit erfüllen müssen. Wir machen Schularbeiten, gehen zum Klavierunterricht, treiben Sport und verabreden uns mit Freundinnen – wo bleibt da noch Zeit für die Selbsterforschung?

Offen gesagt, die Selbsterforschung hat einen Platz auf deinem Terminkalender verdient, egal wie vollgestopft er ist. Wenn du behauptest: »Ich habe keine Zeit für diese Selbsterforschung«, dann sagst du im Grunde: »Ich bin so sehr mit Autofahren beschäftigt, dass ich keine Zeit zum Tanken habe.« Manchmal müssen wir in unser Leben investieren. Wenn du jetzt die Zeit aufbringst, um dich selbst zu finden, dann wirst du später froh darüber sein. Meditation verbessert zum Beispiel die Konzentration und hilft dir, wirkungsvoller und zeitsparender zu lernen als je zuvor. Du brauchst dich also vor einer Klassenarbeit nicht mehr stundenlang abzuquälen.

Wie also findest du Zeit für deine Selbsterforschung? Mein erster und wichtigster Rat kommt dir vielleicht etwas radikal vor. Er verlangt Disziplin und Opfer. Du riskierst, nicht das modernste Mädchen in deiner Schule zu sein. Du verpasst die erste Folge der neuen Fernsehserie und musst auf Videospiele, Musikvideos und sogar auf die Tagesschau verzichten. Ja, ich empfehle dir, NICHT MEHR ZU FERNSEHEN!!!

Schluss mit der Glotze!

Je länger du wie hypnotisiert in die Flimmerkiste starrst, desto mehr spirituelle Energie vergeudest du. Außerdem nimmt du unaufhörlich negative Klischees in dich auf. Zugegeben, wir können den Medien nicht vollständig entfliehen (und wir wollen es gar nicht), aber wenn wir uns selbst erforschen, anstatt fernzusehen, können wir in unserem Leben auf einfache Weise enorme Veränderungen bewirken. Der durchschnittliche Amerikaner sitzt 1642 Stunden im Jahr vor dem Fernseher – das sind über 82 000 Stunden vom 14. bis zum 64. Lebensjahr!!!

Stell dir vor, was wir mit all dieser Zeit anfangen könnten – wir könnten buchstäblich die Welt verändern! Wir könnten Romane schreiben... Chinesisch lernen... im Meer tauchen... Salsa tanzen! Wenn du den Mut hast, in einer fernsehfreien Zone zu leben, stehen dir 5125 zusätzliche Tage *für dich selbst* zur Verfügung! In Amerika gibt es übrigens eine »fernsehfreie Woche« vom 24. bis zum 30. April. Probier es aus!

Was meinst DU?

Es gibt viele lustige und gute Fernsehprogramme.
Aber ich glaube, die meisten Leute – nicht nur Mädchen –
könnten mit ihrer Zeit etwas Besseres anfangen.
JULIA HALPRIN JACKSON, 16 JAHRE

Ich glaube nicht, dass Fernsehen für Mädchen total schlecht ist, aber es ist auch nicht total gut. Es ist unterhaltsam und verbindet uns mit der Welt, aber es kann uns auch von der Welt abschneiden, während wir auf dem Sofa hocken. Und die Unterhaltung ist manchmal auch ziemlich fragwürdig.
EMMARIE HUETTEMAN, 13 JAHRE

Fernsehen ist schlecht, weil es schreckliche Bilder zeigt und uns dazu verleitet, Zeug zu kaufen, das wir nicht brauchen. Wenn ich nie mehr fernsehen könnte, wäre ich öfter im Freien. Ich würde zum Beispiel wandern.
SOPHIE JEANNOT, 16 JAHRE

Ich glaube, Fernsehen ist für Mädchen im Großen und Ganzen nicht gut. Es fördert das alte Klischee »Blond und dünn ist hübsch«. Wenn es mehr Shows mit echten Mädchen gäbe (ich meine Mädchen mit einem Hirn, selbst wenn sie Zeichentrickfiguren wie Lisa Simpson sind) und nicht mit Barbiepuppen, würde das unsere Selbstachtung stärken.
ANONYM

Ich glaube, es ist okay, wenn man sich bestimmte Sendungen anschaut. Schädlich ist das geist- und ziellose Zappen, denn es macht uns empfänglich für die negativen Botschaften, die in den Programmen und Werbespots versteckt sind.
CAITLIN DWYER, 16 JAHRE

Das fernsehfreie Land

Es ist nicht unbedingt aufregend, ohne Fernsehen zu leben. Anfangs ist es sogar ziemlich schwierig. Dr. Richard Carlson meint: »Unsere Identität und unsere inneren Kämpfe hängen zu einem großen Teil von unserem geschäftigen, überaktiven Geist ab, der immer unterhalten sein will.« Darum rennen wir in jeder freien Minuten zum Fernsehapparat, als hätten wir Angst vor der Stille.

Wenn du deinen Fernseher abschaltest, bist du wahrscheinlich versucht, vor der Stille wegzulaufen – du greifst nach dem Telefonhörer oder nach einer Zeitschrift. Als vielbeschäftigte Teenager sind wir nicht an stille Zeiten gewöhnt und finden sie oft »langweilig«. Aber Wissenschaftler, die sich mit der Kreativität des Menschen beschäftigen, haben herausgefunden, dass Langeweile einer der besten Auslöser für originelle, aufregende und einzigartige Ideen ist. Sie ist ein sehr wichtiger Schritt im schöpferischen Prozess, weil sie uns auf neue, verrückte Gedanken bringt, auf die wir im normalen, hektischen Alltag nie kämen.

Du bist also nicht verpflichtet, deine fernsehfreie Zeit zu füllen! Setz dich hin, entspanne dich, atme tief. Sag zu dir: »*Ahhh ... ich habe nichts zu tun und muss nirgendwohin gehen.*« Diese seltene Ruhe macht dich fit für die Selbsterforschung.

So verschaffst du dir Zeit

Außer den Fernseher abzuschalten hast du noch andere Möglichkeiten, Zeit für dich selbst zu finden. Es ist egal, woher du die Zeit nimmst – Hauptsache, du nimmst sie dir! Es hilft, wenn du Prioritäten setzt. Überleg einmal, was du den ganzen Tag tust und wie du mehr persönlichen Freiraum schaffen kannst. Machst du deine Hausaufgaben zügig oder trödelst du gern? Wie lange brauchst du morgens zum Anziehen, wie lange telefonierst du,

Sich selbst suchen – geht das?

wie lange grübelst du über die Schule, über Jungs und so weiter? Wenn du deine Zeit nach deinen Prioritäten einteilst, bleibt immer Platz für die wichtigen Dinge im Leben. Wie wichtig ist die Selbsterforschung für dich? Vergiss nicht: Wo ein Wille ist, da ist ein Weg, egal wie beschäftigt du bist. Wenn du morgens auf die zweite Schicht Make-up verzichtest, hast du fünf Minuten für dein Traumtagebuch übrig. Wenn du deine Schularbeiten zügig erledigst, anstatt dich vor die Glotze zu setzen, hast du genügend Zeit zum Malen oder für Yogaübungen. Jede Minute zählt!

Außerdem beschränkt die Selbsterforschung sich nicht auf bestimmte Aktivitäten wie Visualisieren oder Feng Shui. Letztlich geht es darum, deine Denk- und Lebensweise zu ändern. Natürlich können Schreiben oder ehrenamtliche Arbeit uns die Richtung zeigen; aber wahre Selbsterforschung geht über Worte und Taten hinaus. Sie führt dich viel tiefer: an einen Ort, wo du dich nicht um die Wünsche und Erwartungen anderer Leute kümmern musst, sondern tun darfst, was du tief in deinem Herzen wirklich willst.

So nutzt du dieses Buch

Es gibt viele Möglichkeiten, dieses Buch zu nutzen. Du kannst es zum Beispiel überfliegen und alle Ideen aufgreifen, die dich interessieren. Wenn du ein Buch nicht gern von vorn bis hinten liest, dann blättere es einfach durch.

Trotzdem empfehle ich dir, von der ersten bis zur letzten Seite zu lesen und alle Tipps auszuprobieren. Die Kapitel sind methodisch aufgebaut. Sie beginnen mit dem »eigenen Heiligtum« und Entspannung und gehen dann zu fortgeschrittenen Techniken wie Meditation und Philosophie über.

Du hast mehr von diesem Buch, wenn du aufgeschlossen bist und mit möglichst vielen Methoden experimentierst. Nur so findest du heraus, was für dich geeignet ist. Mir liegt mein Traumtagebuch besonders am Herzen; andere bevorzugen Kunst, Visualisieren, gemeinnützige Arbeit und vieles mehr. Nicht jede Anregung in diesem Buch wird dir zusagen – am besten pickst du heraus, was dir Spaß macht und was für dich wichtig ist. Am Ende jedes Kapitels findest du einige Büchertitel, die weitere Informationen über jene Themen enthalten, die dich interessieren. So, und jetzt fangen wir an!

Lesenswerte Bücher

Na Logo! von Naomi Klein
Die sieben Wege zur Effektivität von Stephen Covey

2. *Bring Ruhe in deine Welt*

SCHAFFE DIR DEIN HEILIGTUM DURCH FARBEN, FENG SHUI UND AROMATHERAPIE

Ist dir schon aufgefallen, wie sehr deine Laune sich an einem schönen Ort bessert, etwa an einem Wasserfall oder in den Bergen? Oder wie schnell du verärgert und verspannt bist, wenn du in einem Verkehrsstau steckst? Die Umwelt hat eine enorme Wirkung auf den Menschen und weil der Geist eine enorme Wirkung auf den Körper hat, brauchen wir alle ein eigenes »Heiligtum«, einen Platz, der nur uns gehört und den wir lieben. Natürlich können wir nicht jedes Mal, wenn wir uns entspannen wollen, ins Gebirge fahren. Wir müssen lernen, das Schöne in allem zu sehen, was um uns ist. Und während wir unser Heiligtum bauen, müssen wir herausfinden, was uns Freude und Frieden vermittelt. Welche Farben, Kunstwerke und anderen Dinge spiegeln deine Persönlichkeit wider?

Jeder Ort kann dir heilig sein, sogar eine überfüllte Wohnung oder ein Zimmer, das du mit deiner unordentlichen kleinen Schwester teilst. Die Methoden in diesem Kapitel ermutigen dich, Harmonie zwischen deinem Selbst und deiner Umwelt herzustellen. Natürlich musst du dich zuerst kennen lernen, damit dein heiliger Ort dein Selbst widerspiegeln kann.

Eines Tages wird jeder Ort, an dem du dich befindest, zu einem Ort der Selbsterforschung für dich. Es ist ganz egal, ob du ein eigenes Zimmer, eine Ecke im Keller oder nur einen Spind in der

Schule hast. Die Autorin Twylah Nitsch erklärt: »Wir alle tragen unseren heiligen Ort bei uns, und wir müssen lernen, ihn auf unserer Reise durchs Leben zu nutzen.« Für den Anfang genügt es, wenn du dich auf einen oder zwei besondere Orte konzentrierst, die dir gehören.

Ein Platz für die Selbsterforschung

Als du ein kleines Kind warst, hast du bestimmt einen Lieblingsplatz gehabt, wo du stundenlang mit Legosteinen, Puppen oder Bilderbüchern gespielt hast. Ich habe mir oft eine Burg aus Kissen im Wohnzimmer gebaut oder mir vorgestellt, ich befände mich in meinem eigenen Clubhaus. Die Badewanne wurde zur Unterwasserhöhle, der Schrank zur Zeitmaschine. Das sind magische Plätze. Kinder sind Experten, wenn es gilt, ganz gewöhnliche Winkel zu verzaubern. Wahrscheinlich baust du heute keine Burgen mehr aus Kopfkissen und Decken, aber es ist sehr wichtig und heilsam, wenn du deine Umwelt mit Hilfe deiner Fantasie verwandelst.

Der bekannte Autor Joseph Campbell schrieb: »Sie brauchen ein Zimmer oder eine bestimmte Stunde am Tag, und Sie müssen vergessen, was am Morgen in der Zeitung stand, wer Ihre Freunde sind, was Sie anderen schulden ... Das ist ein Platz, wo Sie einfach nur erfahren und entdecken können, wer Sie wirklich sind und wer Sie sein können. An diesem Ort können Sie kreativ sein. Anfangs geschieht vielleicht gar nichts. Aber wenn Sie einen heiligen Platz haben und benutzen, wird irgendwann etwas geschehen.«

Könnten wir nicht alle einen solchen Platz gebrauchen? Vielleicht hast du schon einen. Dein Schlafzimmer kann dein Heiligtum sein, oder du hast vielleicht eine Lieblingshängematte, eine Ecke im Garten oder ein Versteck auf dem Dachboden. Meiner

Meinung nach sollte ein magischer Ort ein Hafen der Stille sein. Wenn deine Familie laut ist oder wenn du in einer Großstadt lebst, ist es schwierig, einen solchen Platz zu finden. Aber es kann auch eine Nische in der Stadtbibliothek oder eine Bank im Park sein! Du musst nicht unbedingt allein sein. Sogar mitten in einer Menschenmenge kannst du lernen, deine Aufmerksamkeit nach innen zu richten.

Gestalte deinen heiligen Ort

Es gibt viele Möglichkeiten, deinen eigenen Bereich zu verzaubern. Achte einmal darauf, wie die Dinge in deiner Umgebung auf dich wirken. Dadurch lernst du mehr darüber, wer du bist, was du magst und was du nicht magst. Wenn dein Platz Dinge enthält, die deine Persönlichkeit widerspiegeln, fühlst du dich entspannt und gestärkt.

Nimm dir zunächst dein Schlafzimmer vor. Hast du die Wände geschmückt? Bist du von Dingen umgeben, die du liebst – oder von Dingen, mit denen du einfach nur deine Freundinnen beeindrucken willst?

Betrachte dein Zimmer mit kritischen Augen, und überprüfe dein kleines Umfeld. Es ist oft erstaunlich, mit was für öden Bildern wir uns umgeben. Viele meiner Freundinnen pflastern ihre Wände mit Fotos von Supermodels und mit Wodkawerbung. Kann das ein »heiliger Ort« sein?

Aber keine Sorge, falls dein Zimmer entrümpelt werden muss. Das ist gar nicht so schwer. Entferne zunächst alle Gegenstände, die keine positive und wahre Aussage über dich machen. Vielleicht fällt dir das anfangs schwer; aber bald fühlst du dich großartig, wenn du alles wegwirfst, was dich von deinem wahren Selbst ablenkt.

Mach dir einen »Seelenschrein«

Jetzt hast du also mehr Platz für dich selbst geschaffen – Platz für deinen »Seelenschrein«. Das ist ein Platz für die Dinge, die du liebst, für deine Erfolge, deine schönen Erinnerungen und deine Zukunftsträume. Such dir einen Winkel in deinem Zimmer, den du nicht benutzt. Dann sammle kleine Gegenstände, die dir etwas bedeuteten: eine Muschel, ein Foto von einem Familienausflug, eine schöne Feder, die du irgendwo gefunden hast, ein Zettel mit deinem Lieblingszitat. Geeignet ist alles, was dich tröstet oder zum Lächeln bringt. Vergiss auch nicht die Dinge, auf die du stolz bist: einen Preis, den du gewonnen hast, eine Geschichte, die du geschrieben hast, ein Bild, das du gemalt hast. Verschönern kannst du deinen Schrein mit Räucherwerk, Kerzen und kleinen Objekten. Geh zu diesem Schrein, wann immer du dich zurückziehen willst. Dort kannst du meditieren, malen oder in dein Tagebuch schreiben, weil du dort Kontakt mit deiner Seele aufnehmen kannst.

Es gibt noch eine Möglichkeit, dein Zimmer so zu gestalten, dass es dein Selbst widerspiegelt. Mach eine Liste deiner wertvollen Eigenschaften und Talente. Dann sorge dafür, dass deine Umgebung diese Eigenschaften und Talente fördert. Angenommen, du bist stolz auf deine Kreativität – warum hängst du dann nicht Kunstwerke an die Wand oder legst ein Zitat deines Lieblingsmusikers auf den Schreibtisch? Für mich sind Literatur und Lesen ein sehr wichtiger Teil meines Lebens. Als ich mein Zimmer unter die Lupe nahm, beschloss ich, meine Lieblingszitate auf pastellfarbenes Papier zu schreiben und gegenüber meinem Bett anzubringen. Diese Zitate inspirieren mich, wenn ich beim Schreiben nicht weiterkomme.

Färb deine Stimmung bunt!

Überprüfe auch die Farben, die dich umgeben. Farben sind ein überaus wichtiger, aber oft vernachlässigter Teil unseres Lebens. Wusstest du, dass es Menschen gibt, die sich beruflich mit Farbanalysen befassen, um andere über die Wirkung der Farben aufzuklären? Psychologen haben herausgefunden, dass Farben unsere Gefühle beeinflussen. Streicht man zum Beispiel Gefängniszellen blau oder rosa, werden die Insassen allmählich weniger aggressiv und aufsässig.

Auch du kannst von Farben profitieren. Denk darüber nach, wie du Farbtupfer in dein Leben bringen kannst. Manche Mädchen dürfen ihr Zimmer selbst bemalen. Da es zeitraubend ist, einen ganzen Raum zu streichen, begnügen sich einige mit einem Teil der Wand, oder sie malen hier und da kleine Ornamente. Eine meiner Freundinnen strich die Decke himmelblau und malte Wolken und niedliche kleine Vögel darauf. Ihr Zimmer ist ein echtes Spiegelbild ihrer Persönlichkeit. Wenn du zum Malen keine Lust hast, gibt es auch andere Möglichkeiten, dein Leben farbiger zu machen. Es kann schon ein Fortschritt sein, wenn du die Farbe deiner Bettwäsche wechselst. Die folgende Liste zeigt dir, wie Farben dir helfen, deinen heiligen Ort zu verschönern.

Gelb: Diese fröhliche, helle, sonnige Farbe bringt Energie und Optimismus. Gelb ist eine wundervolle Farbe, wenn du Freude und »inneren Sonnenschein« ausdrücken willst.

Blau: Dies ist die Farbe der Träume, der tiefen Gedanken und der Innenschau – die perfekte Farbe für deine Selbsterforschung. Hellblau drückt deine sanfte Seite aus, deine Empfindsamkeit und deine Selbstwahrnehmung.

Purpurrot: Mit dieser Farbe der Könige umgeben sich Menschen, die ausdrucksvoll, romantisch, emotional und kreativ sind. Sie kann deine launenhafte, intuitive Seite zum Vorschein bringen.

Grün: In dieser Farbe finden wir die Kraft der Natur und klare Ziele. Gesunde Blätter und Pflanzen sind grün, und darum ist dies die beste Farbe für Leute, die Mutter Erde lieben, und für Mädchen mit einem klaren Kopf.

Rot: Diese Farbe ist sehr kraftvoll und mutig. Mädchen, die Rot mögen, sind oft ernsthaft, aufgeschlossen und leidenschaftlich. Rot ist großartig, wenn du Motivation oder mehr Ausstrahlung brauchst.

Orange: Menschen, denen diese Farbe gefällt, haben nach Ansicht der Farbanalytiker oft eine schillernde und komplexe Persönlichkeit. Viele Künstler und Schauspieler lieben die dramatischen und kräftigen Schwingungen dieser Farbe.

Rosa: Diese Farbe stärkt die Hoffnung und lindert Aggressivität. Sie eignet sich hervorragend für die liebevolle und optimistische Seelenforscherin.

Feng-WAS!?

Feng Shui ist ein uraltes chinesisches System, das uns hilft, mit der Energie der Umwelt unser Leben zu verbessern. Ist dir schon aufgefallen, dass manche Orte deine Stimmung heben, während andere dich nervös oder müde machen? Wenn ich unseren voll gestopften, staubigen Dachboden betrete, fühle ich mich nach kurzer Zeit ausgelaugt. Woran liegt das? Die Anhänger des Feng Shui sagen, die Anordnung der Gegenstände

und Farben in einem Raum stimuliere oder blockiere den natürlichen Energiestrom.
Wie kannst du die Kräfte der Natur zu deinem Vorteil nutzen, wenn du ein Heiligtum baust?

1. Schritt: Raus mit dem Plunder!

Gerümpel und Unordnung begünstigen negative Energie und lenken dich bei der Selbsterforschung ab.

2. Schritt: Was gibt dir Kraft?

Die Anhänger des Feng Shui glauben, dass viele Gegenstände unsere Energie positiv beeinflussen. Diese Objekte füllen dein Zimmer sofort mit mächtiger Energie. Auch Gegenstände, die du liebst, bringen dir positive Energie, wenn du sie um dich hast. Bewährte mächtige Objekte sind:

Licht: Kerzen, Lampen, Feuer, Lavalampen usw. Außerdem alle Objekte, die Licht reflektieren, z. B. Spiegel, Kristalle und glänzendes Material, etwa Alufolie.

Geräusche: Angenehme Geräusche wie fließendes Wasser, leise Musik, singende Vögel, Glocken und Glockenspiele, Musikinstrumente und alles, was harmonische Schwingungen ausstrahlt – sogar Musikboxen.

Farben: Farben und Lacke, Tapeten, Kunstwerke und sogar buntes Papier können die Energie eines Raumes nachhaltig beeinflussen. Achte darauf, welche Gefühle Farben bei dir auslösen. Jede Farbe hat ihre eigene Energie und die richtige Farbe kann bestimmte Stimmungen auslösen. Sie können deine Persönlichkeit widerspiegeln und den Energiestrom positiv beeinflussen.

Gewicht: Schwere Gegenstände – etwa Steine und Statuen – sowie Bilder von schweren Dingen – z. B. von einem Elefanten – vermitteln uns ein Gefühl der Dauerhaftigkeit, der Ruhe und der Standfestigkeit. Hast du den Eindruck, dass dein Leben einem Wirbelwind gleicht? Dann können schwere Gegenstände in deinem Zimmer beruhigend wirken.

Lebewesen: Haustiere, vom Goldfisch bis zur Katze, erzeugen positive Energie, sofern sie sauber, gesund und gut versorgt sind. Gesunde Pflanzen strahlen ebenfalls viel Energie aus. Alles, was lebt, fördert das Wachstum, die Erneuerung und die Lebenskraft.

Bewegliche Dinge: Mobiles, Glockenspiele, Springbrunnen, Ventilatoren, ein sanfter Wind und alles, was sich bewegt, macht dich aktiver und leistungsfähiger.

3. Schritt: Stell deine Möbel um

Feng Shui lehrt, dass die Position der Gegenstände in deinem Zimmer ebenso wichtig ist wie die Objekte selbst. Jeder Teil eines Raumes enthält Energie für einen anderen Lebensbereich. Darum kannst du den Energiestrom in deinem Leben ändern, wenn du die Möbel umstellst. Dabei kann dir ein Feng-Shui-Diagramm helfen. Jeder Abschnitt dieses Achtecks symbolisiert einen Bereich deines Lebens. Feng-Shui-Anhänger sind der Meinung, dass du jeden dieser Bereiche verbessern kannst.

Stell dich in die Zimmertür und halte das Diagramm so, dass die abgebildete Tür in dieselbe Richtung zeigt wie die Tür des Zimmers. Wie du siehst, ist die Abbildung in acht Lebenssphären eingeteilt.

FENG-SHUI-DIAGRAMM

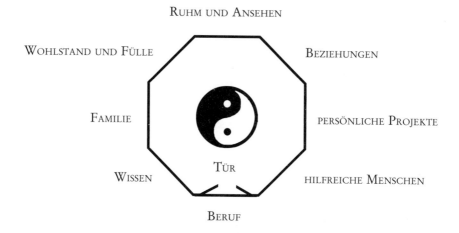

Es gibt viele Möglichkeiten, diese positiv zu ändern:

Hilfreiche Menschen: Hat ein Lehrerin oder ein Trainer einmal etwas Besonderes für dich getan? Hat eine Freundin dich getröstet, als du deprimiert warst? In diesem Bereich denkst du an solche Menschen und ermutigst andere, dir künftig zu helfen. Alles, was dich an hilfreiche Leute erinnert – ein Foto, eine Auszeichnung oder ein Brief –, kannst du hier unterbringen.

Persönliche Projekte: Im traditionellen Feng Shui gehört dieser Bereich den Kindern, aber meiner Meinung nach symbolisiert er auch Projekte. Malst du an ein Bild, oder brauchst du Hilfe bei einer schriftlichen Arbeit? Dann stelle hier etwas auf, was starke Energie ausstrahlt. Weiß, Silber und Gold sind Farben, die in diesem Lebensbereich die Produktivität fördern.

Beziehungen: An diesen Platz passt eine Vase mit frischen Blumen – damit deine Beziehungen blühen. Hier kannst du auch

Bilder von Menschen aufstellen, die dir nahe stehen (oder dir nahe stehen sollen), aber auch Dinge und Dekorationen, die ein Paar bilden, etwa zwei Kerzen oder eine Tasse nebst Untertasse. Das fördert Freundschaft und Zusammenhalt.

Ruhm und Ansehen: Du willst eine berühmte Schauspielerin werden? Dann ist dies der richtige Bereich für dich. Häng hier Bilder auf, die Vögel im Flug, die Sonne, den Mond oder die Sterne zeigen – alles, was Höhenflüge symbolisiert.

Wohlstand und Fülle: Um Fülle in dein Leben zu bringen, kannst du einen Kristall in diese Ecke deines Zimmers hängen oder ein Aquarium mit bunten Fischen aufstellen. Eine gesunde grüne Pflanze unterstützt das Wachstum deines Bankkontos. Willst du mit einer eigenen Idee Geld verdienen? Dann können rote Gegenstände dir helfen.

Familie: Hast du Ärger mit deinem Vater? Treibt dein Bruder dich in den Wahnsinn? Dann kümmere dich um diesen Bereich. Halte ihn ordentlich, häng Fotos deiner Familie oder deiner Tiere auf. Hierher gehören auch Karten, Familienerbstücke und andere Dinge, die Angehörige symbolisieren.

Wissen: Stell eine Liste der Schulfächer zusammen, in denen du dich verbessern willst. Hier ist auch Platz für Bücher deiner Lieblingsautoren. Wenn du dieser Wand beim Lernen den Rücken zuwendest, nimmst du intellektuelle Energie auf.

Beruf: Glocken oder Glockenspiele steigern den Energiestrom in diesem Bereich. Bilder oder Skulpturen von hüpfenden Fröschen fördern die Karriere. Wenn du davon träumst, Astronautin zu werden, kannst du an dieser Wand ein paar Sterne befestigen, die im Dunkeln leuchten.

Vergiss die Tür nicht

Ein letzter Tipp, wenn du dein Zimmer in eine Quelle positiver Energie verwandeln willst: An Türen ist die Energie immer sehr stark. Darum lohnt es sich, den Schreibtisch so aufzustellen, dass du der Tür gegenübersitzt und ihre Energie aufnehmen kannst – das macht dich vitaler. Aus dem gleichen Grund sollte das Bett möglichst weit von der Tür entfernt sein, weil ihre Energie den Schlaf stören kann. Wenn du dein Bett nicht umstellen kannst, hängst du am besten einen Kristall zwischen Tür und Bett, damit er den Energiestrom blockiert, so dass du ruhig schlafen kannst.

Heilende Düfte

Die *Aromatherapie* ist die Kunst, mit Düften zu heilen. Auch damit kannst du deine Umwelt positiv beeinflussen. Duftöle (auch ätherische Öle genannt) werden seit über 5000 Jahren benutzt! Die Ägypter liebten Parfüme und komponierten bisweilen überschwängliche Duftmischungen aus 60 oder mehr Zutaten. Die alten Griechen nahmen täglich aromatische Bäder, um gesund zu bleiben. Hast du gewusst, dass in der Bibel 188 Mal von Duftölen wie Weihrauch, Myrrhe und Rosmarin die Rede ist? Anfang des 18. Jahrhunderts verwendete man Duftöle aus Zimt und Rosmarin, »um Gesicht und Gedächtnis zu erhalten«. Aber diese Öle sind auch heute noch nützlich.

Düfte haben die Fähigkeit, Erinnerungen an Menschen und Orte wachzurufen und die Stimmung zu beeinflussen. Erinnerst du dich daran, wie deine Mutter riecht, wenn du sie umarmst? Welche Gefühle lösen Düfte in dir aus: eine Briese am Meer, die Luft nach einem Gewitter, Fichten im Wald oder ein nüchternes Klassenzimmer? So wie Farben den visuellen Eindruck eines Raumes ändern, können Düfte auf unsere Gefühle einwirken. Ob du es glaubst oder nicht, deine Lieblingsdüfte verraten eine Menge über dich. Und du kannst Düfte benutzen, um die Atmosphäre eines Raumes schnell zu verändern, um Energie zu tanken oder um dich zu entspannen. Die Aromatherapie hat also viel zu bieten!

Was meinst DU?

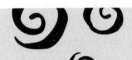

Ich zünde Kerzen an und schreibe Gedichte oder zeichne. Dabei entspanne ich mich.
SOPHIE JEANNOT, 16 JAHRE

Wenn ich den ganzen Tag auf den Beinen war, setze oder lege ich mich gern mal hin. Dann schreibe ich am Computer und höre dabei eine CD (manchmal singe ich mit). Oder ich nehme ein warmes Bad und lese dabei. Ich liebe beruhigende Düfte wie Lavendel; sie entspannen mich noch mehr.
EMMARIE HUETTEMAN, 13 JAHRE

Wenn ich mich entspannen will, übe ich Taekwondo, nehme ein Schaumbad oder höre sanfte Musik.
ASHLEY ROSEN, 16 JAHRE

Schärfe deine Sinne

Wir nehmen jeden Tag Hunderte von Gerüchen auf, und jeder hat seinen eigenen Charakter und seine spezielle Wirkung. Um diese Wirkungen zu entdecken, brauchst du nur die Augen zu schließen und tief zu atmen. Achte auf die Bilder und Gefühle, die der Geruch auslöst. Duftöle haben zwar einige allgemein gültige Wirkungen, aber dennoch reagiert jeder Mensch anders auf sie. Wähle den Duft aus, der die gewünschte Stimmung fördert. Hier sind ein paar häufige Wirkungen der beliebtesten ätherischen Öle:

Kamille: Lindert Müdigkeit und Stress.

Jasmin: Entspannt, tröstet, stärkt das Selbstvertrauen.

Lavendel: Harmonisiert; beruhigt oder regt an, je nach Bedarf.

Muskat: Bringt friedlichen Schlaf und viele Träume.

Orange: Beruhigt, fördert die Meditation, macht fröhlich.

Pfefferminze: Regt an, erfrischt, kühlt und hebt die Stimmung.

Rose: Verstärkt eine romantische Stimmung, erleichtert kreative Arbeit.

So verwendest du die Düfte

Für Düfte gibt es zahlreiche Anwendungsmöglichkeiten. Vielleicht gefallen dir einige meiner Ideen:

- Manchmal lege ich ein Tuch, das nach Rosmarin duftet, neben mein Kopfkissen, damit ich leichter einschlafe.
- Um die Luft in meinem Zimmer zu verbessern, träufle ich einen Tropfen meines Lieblingsduftöls auf die Glühbirne und in die Schubladen meiner Kommode.
- Wenn ich meditiere, verbrenne ich gern Weihrauch. Er riecht nicht nur köstlich, sondern hat auch eine spirituelle Wirkung. In vielen Kulturen verwendet man ihn bei Reinigungsriten, unter anderem in den Schwitzhütten der Indianer, in den Moscheen der Moslems und natürlich in den Kirchen der Katholiken.

Weitere Tipps:

- Ätherische Öle sind sehr hilfreich, wenn du jemanden massierst oder dich massieren lässt.
- Probiere es auch mal mit Duftkerzen.
- Öffne ab und zu das Fenster, und versuche, möglichst viele der eindringenden Gerüche zu erkennen.
- Trink Kräutertee. Er beruhigt oder regt an, und sein Aroma wirkt zusätzlich.
- Benutze sanfte parfümierte Seifen und Körperöle.

Vergiss die ätherischen Öle nicht

Was genau sind ätherische Öle? Sie duften sehr stark und werden aus Pflanzen (Rinde, Samen, Blüten usw.) destilliert. Du bekommst sie in Reformhäusern und in Kosmetikläden. Da sie konzentriert sind, genügt eine sehr kleine Menge, um eine große Wirkung zu erzielen. Die meisten Aromaöle solltest du nicht unverdünnt auf die Haut auftragen, sondern in kleinen Mengen mit Pflanzenöl mischen und versprühen oder ins Badewasser träufeln.

Das war die Aromatherapie in Kurzfassung. Aber es gibt noch unzählige andere Möglichkeiten, Düfte zu genießen. Achte in Zukunft mehr auf die Gerüche in deiner Umgebung: Blumen, Shampoos, Gras, Kekse ... Allein dadurch kannst du Energie tanken. Die Düfte, die du am meisten liebst, sind ein Teil deines Wesens. Höre auf die Botschaften, die sie dir übermitteln!

Dein Raum zum Träumen

Jetzt hast du also die Einrichtung deines Zimmers überprüft und weißt, wie sie deine Gefühle beeinflusst. Nimm dir nun ein paar Minuten Zeit, und schreibe deine Eindrücke in ein Notiz- oder Tagebuch. Welche Gegenstände entsprechen deiner Persönlichkeit am meisten? Welche Farben sind dir am liebsten? Welche Gefühle lösen sie aus? Hast du von den Düften und Dingen, die du liebst, etwas über dich gelernt? Dein Geschmack wird mit dir wachsen und sich mit dir ändern. Achte auf die Signale, die deine Umwelt dir sendet, und nutze diese Anregungen, um einen heiligen Ort einzurichten. Auch dieser kann sich mit der Zeit ändern; aber er sollte immer deine Persönlichkeit widerspiegeln, deine Gedanken und Träume und deine Selbsterforschung.

Lesenswerte Bücher

Quellen der Inspiration und *Die Magie des Wohnens*, beide von Denise Linn
Aromatherapie von A–Z von Patricia Davis
Feng Shui gegen das Gerümpel des Alltags von Karen Kingston
Die Kraft der Farben von Karin Hunkel
Die Grundlagen des Feng Shui von Lillian Too
Wind & Wasser. 1000 Tipps für Ihr persönliches Feng Shui von Carole J. Hyder
Dein ganz persönliches Heiligtum von Peg Streep

3. Befreie deinen Körper

Yoga, Massage und Kuren

Unserem Körper können wir nicht entkommen. Wir sehen ihn jeden Tag, bei Regen oder Sonnenschein, ob er uns gefällt oder nicht. Häufig bringt man Kindern bei, den Körper zu verabscheuen, und viel zu oft sind Mädchen mit ihrem Körper unzufrieden. Sie bestrafen ihn, lassen ihn hungern, stopfen ihn mit Essen voll oder verstecken ihn. Wir wären viel glücklicher, wenn wir lernen würden, *mit* unserem Körper zu leben und ihn nicht zu bekämpfen.

Vielleicht glaubst du, die Selbsterforschung habe nur mit dem Geist und der Seele zu tun. Aber Körper und Geist sind eng miteinander verbunden. Wenn du deinen Körper nicht magst, kommst du mit deinen Gefühlen und mit deiner Spiritualität nicht ins Reine. Wie kannst du etwas verstehen und akzeptieren, was du im Spiegel nicht sehen willst?

Vielen Mädchen fällt es schwer, die Erwartungen der Gesellschaft zu ignorieren. Allzu oft streben wir nicht nach Weisheit und Selbsterkenntnis, sondern wir wollen schlank, sexy und schön sein. Um mit diesem Druck fertig zu werden, müssen wir die Einheit zwischen Körper und Geist betonen. Tanz, Yoga, Sport und vieles andere kann uns dabei helfen. Wenn wir das Bedürfnis des Körpers nach Bewegung, Nahrung und Entspannung respektieren, senden wir uns selbst eine Botschaft: Diese Bedürfnisse sind wichtig! Und wenn wir sie befriedigen, werden sie uns vertraut. Wir müssen auf unseren Körper hören, damit wir lernen, die Bedürfnisse unserer Seele zu verstehen.

Es kann eine Weile dauern, bis wir uns in unserem Körper wohl fühlen. Eine ordentliche Portion Mut brauchen wir auch dafür. Leider sind viele Menschen insgeheim gegen uns, weil sie eine »Doppelmoral« vertreten: Einerseits sollen wir unseren Körper lieben, andererseits werden wir bestraft, wenn wir es tun. Außerdem fühlen sich viele Männer von selbstsicheren Frauen bedroht, weil sie selbst unsicher sind. Ich musste einmal bei einer Vorführung in der Schule einen Gymnastikanzug tragen. Während ich hinter der Bühne wartete, tanzte ich ausgelassen herum und flachste mit meinen Freundinnen. Da hörte ich, wie ein Mitschüler seinem Kumpel zuflüsterte: »Was glaubt die denn, wer sie ist? Womit kann die schon prahlen!« Ich hatte mich in dem Gymnastikanzug wunderbar gefühlt, richtig elegant – bis mir schmerzhaft klargemacht wurde, dass meine Brüste zu klein und meine Beine zu muskulös waren. Ich rannte zu meinem Spind und zog mir einen Trainingspullover über. Heute wünsche ich mir, ich hätte den Mut gehabt, diesem Typen meine Meinung zu sagen und dann einfach weiterzutanzen.

Vielleicht hast du dir schon mal ähnliche Bemerkungen über deinen Körper anhören müssen. Einerseits hast du das Gefühl, dass du ihn zur Schau stellen musst, wenn du beliebt sein willst; andererseits würdest du ihn am liebsten verstecken, damit du nicht ausgelacht wirst. Bist du mit dir zufrieden, so wie du bist und aussiehst? Wenn nicht, nimm's leicht. Du brauchst Zeit. Du musst lernen, deinen Körper innerlich und äußerlich zu verstehen. Wenn du es schaffst, hat dein körperliches Wohlbefinden erstaunliche Wirkungen auf deine geistige und seelische Verfassung. In diesem Kapitel findest du eine Menge Tipps, die dir helfen, deinen Körper zu pflegen, zu stärken und zu achten.

Feiere deinen Körper!

Wir haben viele Dinge in unserer Umgebung im Gedächtnis: das Gekritzel auf dem Umschlag eines Schulheftes, das Fell der Katze und die Sommersprossen der besten Freundin. Wenn wir etwas jeden Tag sehen, behalten wir seine Größe, Farbe und Textur in Erinnerung. Aber wie gut kennst du den eigenen Körper? Denk eine Minute darüber nach. Weißt du, wie er arbeitet, und verstehst du die einzelnen Organe? Wenn nicht, lies ein Anatomiebuch und pass im Biologieunterricht besser auf! Der menschliche Körper ist ein schönes, faszinierendes Gebilde. Sobald du die allgemeinen Grundlagen begriffen hast, musst du mehr über *deinen* Körper lernen.

Nimm dir ein wenig Zeit dafür. Welche Form haben deine Zehen? Und deine Ohren? Hast du Muttermale, Narben, Sommersprossen und Leberflecke? Vielleicht kommt es dir komisch vor, mehr über deinen eigenen Körper zu lernen – aber es gibt einiges zu entdecken. Stell dich vor einen Spiegel. Betrachte dich objektiv. Überlege, was dir an deinem Körper gefällt. Danke deinem Körper für alles, was er jeden Tag leistet: Er läuft, verdaut, heilt Wunden und zeigt dir mit den Augen die Welt. Du verdankst ihm viel! Sobald du deinen Körper ziemlich gut kennst, solltest du den Mumm aufbringen zu sagen: »Das bin ich. Ich akzeptiere mich so, wie ich bin und wie ich aussehe.«

Sport

Auch Sport hilft dir bei der Selbsterforschung! Wenn du Sport treibst, fühlst du dich körperlich und seelisch stark, weil du dich auf das konzentrierst, was du leisten kannst. Hast du gewusst,

Was meinst DU?

Ich möchte keinen bestimmten Körperteil ändern. Ich bin mit meinem Körper zufrieden. Ich glaube, ich sehe so aus, wie ich aussehen soll.

RACHAEL BENTSEN, 15 JAHRE

Ich fühle mich heute in meinem Körper um einiges wohler als noch vor ein paar Jahren. Das Klischee »dünn sein heißt schön sein« ist immer noch stark. Darüber habe ich auch mit einer Freundin gesprochen. Wir haben uns im Spiegel betrachtet und gesagt: »Weißt du, ich glaube, die allgemeine Meinung kriegt uns immer noch. Alle Menschen sollten mit sich zufrieden sein, aber erst müssen wir die Klischees loswerden.«

ANONYM

Mein Körper ist das großartigste Instrument, das ich je haben werde. Ich benutze ihn bei jeder Gelegenheit, und wenn ich nur in meinem Zimmer zu meinem Lieblingslied tanze. Er ist ein wundervolles Geschenk – warum sollte ich ihn vernachlässigen?

EMMARIE HUETTEMAN, 13 JAHRE

dass sportliche Mädchen bessere Noten haben und glücklicher und selbstsicherer sind? Sie nehmen seltener Drogen, werden als Teenager seltener schwanger und leiden nicht so oft an Depressionen. Regelmäßiger Sport lindert Stress, stärkt die Konzentration, gibt Energie und ist Nahrung für den Geist. Wenn du enttäuscht oder wütend bist, fühlst du dich nach einem ordentlichen Training besser, weil dabei *Endorphine* im Körper gebildet werden, die uns ein Gefühl des Glücks, des Friedens und der Erregung vermitteln. Du wirst auf natürliche Weise »high«! Also such dir etwas aus, was dir Spaß macht – Radfahren, Inline Skating, Wandern, Snowboarding, Tanzen, Fechten ... Das ist Balsam für Körper und Seele. Dreimal wöchentlich je dreißig Minuten genügen schon.

Yoga

Was ist Yoga? Du hast bestimmt schon davon gehört oder Übungen im Fernsehen bestaunt. Bei uns ist Yoga erst in den letzten Jahrzehnten beliebt, aber im Osten kennt man es seit Jahrtausenden. Yoga ist eine Kombination aus speziellen Stellungen und Meditation. Das Wort Yoga bedeutet in etwa »Einheit von Körper und Geist«. Yoga hilft dir, die Bedürfnisse deines Körpers und deine Gefühle kennen zu lernen.

Obwohl Yogaübungen recht einfach sind, ist ihre Wirkung erstaunlich. Sie beruhigen den Geist, kräftigen die Muskeln, machen dich geschmeidig und versorgen den Körper mit frischer Energie. Yogis wissen, dass seelischer oder geistiger Stress auch dem Körper schadet. Ist dir schon einmal aufgefallen, wie steif deine Schultern werden, wenn du für eine wichtige Klassenarbeit büffelst? Yogastellungen verbessern die Körperbeherrschung und lockern die Muskulatur. Du wirst dich wundern, wie schnell du mit Yoga seelischen Druck abbauen kannst!

Los geht's!

Bist du bereit? Dann fangen wir an! Die Grundlagen des Yoga kannst du zu Hause ohne große Mühe lernen. Du brauchst nur wenige Hilfsmittel, und die Übungen eignen sich für jeden Menschen, egal wie beweglich er ist. Eine weiche Matte oder ein Handtuch, lockere Kleider und beruhigende Musik sind hilfreich. Sorge für eine angenehme Zimmertemperatur, damit die Muskeln lockerer bleiben.

Während du übst, musst du auf deinen Körper hören und behutsam mit ihm umgehen. Beim Turnen oder beim Ballett dehnst du die Muskeln, so weit es geht; aber beim Yoga ist das zweitrangig – die korrekte Haltung ist viel wichtiger. Sei geduldig und sanft zu dir selbst! Belaste die Muskeln nicht zu sehr. Konzentriere dich stattdessen darauf, den Rücken gerade zu halten, die Schultern zu entspannen und die Gelenke zu lockern. Hör auf deinen eigenen Körper und miss dich nicht an anderen.

Die Asanas

Hatha-Yoga, das Yoga des Körpers, beginnt mit der *Leichenhaltung* als Entspannungsübung; erst dann folgen die eigentlichen Stellungen oder *Asanas*.

Die Leichenhaltung (Shavasana). Der Name sagt ja schon, was gemeint ist. Du legst dich mit den Armen an der Seite (die Handflächen zeigen nach oben) flach auf den Rücken, atmest tief (siehe dazu auch Kapitel 4) und entspannst dich. Streck die Wirbelsäule, als ziehe jemand an deinem Kopf. Stell dir vor, dass du immer tiefer in den Boden sinkst. Entspanne jeden Körperteil von den Füßen bis zum Kopf. Sobald du tief entspannt bist, spürst du, dass dein Geist klar und ruhig wird. Nach etwa fünf Minuten in der Leichenhaltung bist du für die anderen Asanas bereit. Ich hebe und senke zuerst sanft die Schultern und den Kopf und beuge die Knie. Die folgenden drei Übungen sind ein guter Anfang:

Die Katze (Vidalasana). Diese Stellung fördert die Verdauung und lindert Menstruations- und Magenkrämpfe. Beginne auf al-

Die Katze 1   Die Katze 2

Befreie deinen Körper

len vieren. Knie und Hände sind schulterbreit auseinander, Arme und Oberschenkel stehen senkrecht. Der Blick geht nach oben. Atme zischend durch den Mund ein. Mach dann einen »Katzenbuckel« und senke den Kopf. Behalte diese Stellung und die Atmung einige Augenblicke bei und kehre dann in die Ausgangsposition zurück. Wiederhole diese Übung dreimal.

Das Dreieck (Trikonasana). Diese Stellung fördert die Durchblutung und die Spannkraft der Muskeln. Stell dich so hin, dass die Füße etwa einen Meter auseinander sind und die Zehen genau nach vorn zeigen. Beuge dich nun in der Taille nach rechts, strecke die Finger der rechten Hand und berühre mit ihnen den rechten Fuß, während die linke Hand nach oben zeigt. Die Knie bleiben gestreckt. Wenn deine Achillessehnen verspannt sind, kannst du ein Buch neben den Fuß legen und mit der Hand das Buch anstelle des Fußes berühren. Entspanne dich in dieser Position und dreh langsam den Hals, bis du zur linken Hand blickst. Behalte diese Stellung einige Momente bei, und kehre dann langsam in die Ausgangsposition zurück. Wiederhole diese Übung dreimal nach jeder Seite.

Das Dreieck

Der nach unten schauende Hund (Uttanasana). Dieses Asana lindert Nervosität, Angst und Depressionen. Stell dich mit geschlossenen Füßen aufrecht hin. Atme aus, beuge dich vor und lege die Handflächen auf den Fußboden (aber nur, wenn du ohne Anstrengung so weit kommst), möglichst nahe an die Füße. Heb den Kopf, schau nach vorn und atme

Der nach unten schauende Hund

mehrere Male ein und aus. Atme dann aus und schieb den Oberkörper behutsam näher an die Beine heran, bis du eine angenehme Spannung in den Achillessehnen spürst. Atme. Behalte diese Stellung einige Augenblicke bei. Dann heb den Kopf wieder hoch und atme zweimal tief. Kehre langsam in die Ausgangsposition zurück.

Wenn du mit deinen Übungen fertig bist, beendest du dein Programm mit der Leichenstellung.

Yogakurse

Diese Asanas eignen sich gut für Anfänger. Wenn sie dir gefallen, kannst du durch Bücher, Videos und Kurse Hunderte weitere Stellungen erlernen. Wenn du ernsthaft Yoga üben willst, ist ein Kurs wahrscheinlich am besten. Ein guter Lehrer und ein einladendes Umfeld helfen dir, die Früchte des Yoga zu ernten. Vielleicht findest du sogar einen Kurs für Teenager. Den kann ich dir sehr empfehlen, denn es macht großen Spaß, zusammen mit Gleichaltrigen, vor allem mit Mädchen, zu üben. Wenn du einen Kurs suchst, schau in die Gelben Seiten und frage in Volkshochschulen, Fitnesscentern und Bioläden nach. Vielleicht können dir auch Freundinnen einen Tipp geben. Natürlich gibt es auch Organisationen, die du anschreiben kannst, zum Beispiel:

Berufsverband der Yogalehrenden
in Deutschland e.V. (BDY)
Tel.: 0 55 / 88 38 08
Fax: 0 55 / 88 38 60
E-Mail: info@yoga.de
www.yoga.de

Befreie deinen Körper

Schweizer Yogaverband
Tel.: 0 31 / 3 82 18 10
Fax: 0 32 / 9 41 50 41
E-Mail: swissyoga@compuserve.com
www.swissyoga.ch

Berufsverband der Yogalehrenden in Österreich
Tel. + Fax: 05 12 / 57 18 05
E-Mail: mail@yoga-tirol.at
www.yoga.at

Massage

Die Massage ist ein weiteres wundervolles Heilverfahren. Sie verbessert den Kreislauf, dehnt Sehnen und Bänder, beseitigt Schlacken und lindert Schmerzen – und sie entspannt! Aber durch Massage kannst du auch die Gefühle beeinflussen. Während einer Massage bist du besonders aufmerksam und mitfühlend dir selbst oder anderen gegenüber und erhältst so eine Menge positive Energie.

Eine fachkundige Massage ist teuer; aber zu Hause kostet sie gar nichts! Bitte beachte die folgenden Hinweise, wenn du dich selbst oder eine Freundin massierst.

1. Viele Menschen glauben, dass der ganze Körper von einer Massage der Hände und Füße profitiert. Das ist auch die einfachste Art der Massage. Bevor du anfängst, nimmst du ein warmes Fußbad.
2. Massiere immer zum Herzen hin, damit die Durchblutung gefördert wird und die Muskeln sich entspannen.
3. Vergiss nicht die Aromatherapie. Ätherische Öle und Räucherwerk erleichtern die tiefe Entspannung.

Die Reflexzonen

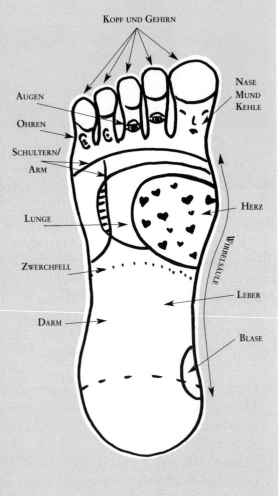

Seit über 5000 Jahren stärken Menschen durch eine Massage der *Reflexzonen* ihre Gesundheit und beseitigen Verspannungen. Schon die alten Ägypter heilten damit Krankheiten. Heiler, die mit den Reflexzonen arbeiten, glauben, dass der ganze Körper sich an den Füßen widerspiegelt und dass man durch die Massage bestimmter Bereiche der Füße die entsprechenden Körperteile anregen oder heilen kann.

Aber du brauchst keine alte Ägypterin zu sein, um von einer Fußmassage zu profitieren. Wenn dir eine Klassenarbeit bevorsteht, kneifst du sanft die Zehen, um das Gehirn zu stimulieren. Wenn dir der Magen weh tut, massierst du den Spann des linken

Die Reflexzonen

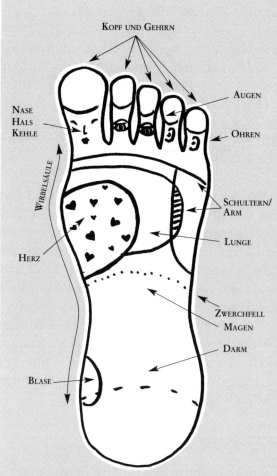

Fußes. Massiere deiner Mutter nach einem harten Arbeitstag die Füße oder experimentiere mit deinen Freundinnen, um herauszufinden, welcher Druck am wirksamsten ist. Denk aber dran, dass manche Leute sehr kitzlig sind!

Streiche zunächst sanft mit den Fingern an den Seiten beider Füße entlang. Drücke dann auf die einzelnen Reflexpunkte und massiere sie. Richte dich nach den Abbildungen, und arbeite dich durch alle Bereiche des Fußes. Beginne mit den Zehen (dem Kopf) und massiere abwärts zur Ferse (den Eingeweiden), bis du alle Druckpunkte bearbeitet hast. Wenn du fertig bist, drückst du zum Abschluss jeden Fuß behutsam.

4. Du kannst ein wenig Massageöl im Backofen oder in der Mikrowelle leicht erwärmen. Die eingeölten Hände gleiten dann besser über die Haut.
5. Probiere verschiedene Bewegungen mit den Händen aus, zum Beispiel sanfte Kreise. Benutze die Fingerknöchel, klopfe leicht mit den Handkanten.
6. Wenn du mit den Handballen nach oben drückst, kannst du die »Welle«, die sich bildet, behutsam mit den Fingern kneifen. Stell dir vor, du knetest einen Pizzateig. Sei kreativ und finde heraus, was dir gut tut.

Du hast eine Kur verdient!

Angenommen, du hast Yoga und Fußmassage probiert und bist trotzdem noch nervös vor der Prüfung. Dein Nacken ist verspannt und du bist vom Lernen erschöpft. Jetzt ist es Zeit, den Körper zu verwöhnen! Dazu brauchst du aber nicht gleich eine Kur zu beantragen. Auch eine Kur zu Hause macht Spaß und entspannt Körper und Geist, weil du dich um deine Bedürfnisse kümmerst. Eine Kur zu Hause verschafft dir Zeit, um abzuschalten und dich darauf zu konzentrieren, was du und dein Körper wirklich fühlen. Du kannst auch Atemübungen und Meditation (siehe nächstes Kapitel) in das Programm einfügen. Höre auf deinen Körper und tu, was notwendig ist, um dich zu entspannen und einen klaren Kopf zu bekommen.

Der erste Schritt

Erkläre deiner Familie, dass du einige Zeit für dich selbst brauchst und nicht gestört werden möchtest. Leg alles beiseite, was dich an den Alltag erinnert: Hausaufgaben, Terminkalender, Handy usw. Bereite dir eine Kanne Tee. Jetzt beginnt die herrliche Zeit!

Was meinst DU?

Ich fühle mich nach einem guten Training großartig, sogar wenn ich verschwitzt, schmutzig und müde bin. Der Sport gibt mir ein herrliches Gefühl von Energie und Kraft. Wenn ich draußen keinen Sport treiben kann, mache ich zu Hause Dehnübungen.

EMMARIE HUETTEMAN, 13 JAHRE

Nach dem Yoga fühle ich mich großartig. Mein Körper und meine Gedanken sind ruhig, konzentriert und stark. Es klappt immer!

CAITLIN DWYER, 16 JAHRE

Köstliche Bäder

Du kannst eine Menge unternehmen, um Stress abzubauen. Meiner Meinung nach ist ein warmes Bad der beste Anfang. Als ich noch klein war, verbrachte ich Stunden in der Wanne und spielte mit Seifenschaum und Gummientchen. Das machte großen Spaß. Später duschte ich lieber, weil das schneller ging, und die magischen Bäder gehörten der Vergangenheit an. Erst vor kurzem habe ich sie wiederentdeckt. Ich habe mir spezielle Baderezepte ausgedacht, die meine Wanne – einst ein Kinderspielplatz – in einen Hafen der Entspannung verwandeln.

Das Meerbad. Nach diesem Bad hast du eine weiche, schöne Haut – denn du hast die regenerierenden Kräfte des Meeres in dein Badezimmer gelockt.

Füll die Wanne mit angenehm warmem (nicht heißem) Wasser und schütte langsam eine Tasse Meersalz hinein (du bekommst es in der Drogerie oder Apotheke). Bevor du in die Wanne steigst, reibst du den Körper mit Meersalz ab. Nach etwa zehn Minuten im Wasser bürstest du die Haut mit einer Körperbürste oder mit einem Badeschwamm von unten nach oben. Zum Schluss nimmst du noch eine kurze kühle Dusche. So erfrischt hast du dich schon lange nicht mehr gefühlt!

Das romantische Bad. Dieses Bad macht die Haut geschmeidig und versetzt dich in eine verträumte, kreative Stimmung. Gieß ein wenig Kokosnussöl unter den laufenden Warmwasserhahn, und füge ein paar Tropfen deines Lieblingsöls hinzu. Rose, Sandelholz und Rosmarin sind besonders geeignet. Du kannst auch einige Rosenblütenblätter ins Wasser streuen und so tun, als wärst du eine verwöhnte Prinzessin.

Das Bad der süßen Träume. Dies ist ein Bad für den Abend nach einem harten Tag. Es entspannt und bringt dir friedliche Träume.
Wirf drei Beutel Kamillentee ins einlaufende Badewasser und träufle zehn Tropfen Lavendelöl hinein. Zusätzlich kannst du dir auch Beutel mit Kamillentee auf die geschlossenen Augen legen. Das entspannt sie zusätzlich. Achte aber darauf, dass kein Lavendelöl in die Augen dringt und die Beutel nicht zu heiß sind. Dann stell noch einigen Duftkerzen oder brennendes Räucherwerk in die Nähe und atme tief. So lösen sich alle Verspannungen auf.

Fabelhafte Gesichtsmasken

Die Gesichtsmuskeln haben den ganzen Tag lang viel zu tun. Sie helfen dir, Worte und Gefühle auszudrücken, aber sie bekommen wenig Dank dafür. Es lohnt sich, auch das Gesicht gelegentlich zu verwöhnen. Anstatt dein Geld für teure Cremes auszugeben, verwendest du am besten natürliche Mixturen, die du zu Hause mühelos herstellen kannst. Hast du gewusst, dass Honig ein großartiger Feuchtigkeitsspender ist, dass Haferschrot die Haut reinigt und dass Zitronensaft das Haar bleicht, ohne ihm zu schaden? Mit den folgenden Rezepten kannst du anfangen:

Kräuterdampfbad

Du brauchst:
- kochendes Wasser
- eine große Schale
- getrocknete Kräuter (Rosmarin, Thymian oder Blütenblätter)
- ein sauberes Handtuch

So wird's gemacht: Gieß heißes Wasser vorsichtig in eine Schale auf dem Tisch. Streu eine Handvoll Kräuter oder Blüten hinein. Leg ein Handtuch über den Kopf. Pass auf, dass dein Haar nicht ins Gesicht hängt. Nun senke das Gesicht langsam auf das heiße Wasser hinab, aber nicht zu nahe. Teste die Hitze des Dampfes zuerst mit der Hand. Benutze das Handtuch als Zeltdach, das den Dampf festhält. Schließ die Augen und halt das Gesicht fünf bis zehn Minuten über das duftende, dampfende Wasser. Dabei öffnen sich die Poren und schwitzen ein wenig wie in der Sauna. Genieße die Wärme und den beruhigenden Duft. Wenn du fertig bist, wäschst du das Gesicht mit einer milden Reinigungsmilch ab und betupfst die Haut mit kaltem Wasser, damit die Poren sich schließen. Trage Feuchtigkeitscreme auf und genieße das saubere, frische Gefühl.

Supersüße Gesichtsmaske

Du brauchst:
- 2 Esslöffel Honig
- 1 Eigelb
- einen warmen Waschlappen

Was würdest DU auf einer Kur-Party tun?

Meine Freundinnen und ich würden Duftkerzen anzünden, Gurkenscheiben auf die Augen legen und draußen im Regen spielen.

ALYSSA LOTT, 13 JAHRE

Die beste Zeit im Jahr wären die Tage vor den Abschlussprüfungen. Ich würde meine Freundinnen zum Lernen einladen, aber sie müssten Pyjamas tragen, damit sie sich besser konzentrieren können. Sobald sie kämen, würde ich ihnen die Bücher wegnehmen und ihnen Ratgeber aus den Siebzigerjahren über hausgemachte Schönheitsmittel in die Hand drücken. Es gäbe zwei Regeln: Alle müssen entspannt bleiben, und niemand darf sich Sorgen machen. Wichtig ist nur, was in die Bananencreme reinkommt.

EMMARIE HUETTEMAN, 13 JAHRE

Wir würden einander massieren, die Nägel lackieren, Gesichtsmasken auflegen, die besten Passagen aus unseren Lieblingsbüchern lesen und Yogaübungen machen.

MOLLY BRANNAN, 16 JAHRE

So wird's gemacht: Wie gesagt, Honig ist ein großartiger Feuchtigkeitsspender. Du kannst mit ihm eine wundervolle Gesichtsmaske für trockene Haut machen, vor allem wenn du ein Eigelb mit hineinrührst. Trage die Mixtur auf die Haut auf (die Augenpartie bleibt frei) und lass sie fünf bis zehn Minuten einwirken. Spül die Maske dann behutsam mit einem warmen Waschlappen ab. Voilà – die Haut ist weich und geschmeidig und duftet nach Honig!

Grapefruit- und Hafermehlmaske

Du brauchst:
- 1 Esslöffel reinen Grapefruitsaft
- 3–4 Esslöffel reines Hafermehl
- einen warmen Waschlappen

So wird's gemacht: Verrühr den Saft und das Mehl zu einer feinen Paste. Trag sie aufs Gesicht auf, glätte sie und lass sie fünfzehn Minuten einwirken. Massiere die Haut dann mit dem Waschlappen oder mit den nassen Fingerspitzen. Spül das Gesicht mit kühlem Wasser ab. Diese Maske ist hervorragend für normale und fettige Haut geeignet.

Hör auf deinen Körper!

Es gibt so viele herrliche Möglichkeiten, den Körper zu pflegen, dass ich sie unmöglich alle in einem Kapitel behandeln kann. Sei einfach kreativ, wenn du dich selbst verwöhnst. Tanze zu schöner Musik. Schließ die Tür des Badezimmers und lass eine heiße Dusche laufen, bis der Raum sich mit Dampf gefüllt hat. Gönn dir eine Pediküre. Mach gymnastische Übungen, die dir gut tun. Veranstalte in einer anstrengenden Zeit eine Kur-Party und lade deine Freundinnen ein, sich gemeinsam zu entspannen und einander zu verwöhnen. Nutze Massagen und Yoga und bitte deine Freundinnen um gute Tipps zur Entspannung. Die Feministin Gloria Steinem schreibt: »Wenn wir unseren Körper segnen, dann segnet er uns.« Hör auf deinen Körper, und lerne ihn lieben. Das ist ein wichtiger Teil der Selbsterforschung.

Lesenswerte Bücher

Yoga für Anfänger von Harry Waesse
Reflexzonenmassage von Ann Gillanders
Heilbäder. Energie und Wohlbefinden für Körper und Seele von Mary Muryn
Schluss mit den Diätkuren. So überwinden Sie die Esssucht in einer Welt des Überflusses von Jane R. Hirschmann und Carol H. Munter
Schüsslersalze. Wohlfühlkuren mit Früchten und Gemüse von Monika H. Hausen

4. Lass deine Gedanken zur Ruhe kommen

Entspannung, Meditation und Visualisieren

Der Wecker kreischt. Du springst aus dem Bett, weil du gestern nicht mit den Hausaufgaben fertig geworden bist. Du duschst, ziehst dich an und rennst mit einem Marmeladenbrot in der Hand aus dem Haus. Wenn der Unterricht vorbei ist, läufst du mit dem Matchsack zum Volleyballtraining. Dann folgen der Gitarrenunterricht, das Abendessen, die Schularbeiten und das Bett. Wenn du Glück hast, schläfst du bald ein, obwohl dir die Gedanken im Kopf herumwirbeln: *Warum hat er nicht angerufen? Hoffentlich gewinnen wir morgen das Spiel! Ist Sandra sauer auf mich?*

Hektische Tage wie dieser sind für viele von uns nicht mehr ungewöhnlich. Wir haben so viele Sorgen: Schule, Sex, Sport, Freundinnen, Freunde ... Hinzu kommen unzählige Gefühle und Wünsche, und wir haben keine Zeit, mit ihnen ins Reine zu kommen. Dieser Stress fordert vom Körper und von der Seele seinen Tribut – und darum sind Entspannungsübungen so wichtig. Wir müssen **negativen** Stress in **gesunden** Stress umwandeln!

Gesunder Stress?! Ja, Stress ist nützlich, solange er nicht überhand nimmt. Er gibt dem Leben Würze und spornt uns zu Höchstleistungen an, zum Beispiel wenn wir öffentlich reden oder um die Basketballmeisterschaft kämpfen. Aber zu viel Stress macht uns schlapp, ängstlich und unglücklich.

Test: Wie hoch ist dein Stresspegel?

1. Wie hoch ist dein Stresspegel derzeit?
   a) Ziemlich niedrig. Ich habe viel zu tun, aber ich kann Prioritäten setzen.
   b) Mal so, mal so. Manchmal fühle ich mich sehr gestresst, ein andermal bin ich total entspannt.
   c) So hoch, dass ich zu gestresst bin, um über Stress auch nur zu reden!

2. Wie oft machst du das, was du gern hast, z. B. Lesen oder Malen?
   a) Das schaffe ich nur am Wochenende.
   b) Ich versuche, jeden Tag ein wenig Zeit für mich selbst zu haben. Das gelingt mir sogar an hektischen Tagen.
   c) Wie bitte? Ich habe nicht mal Zeit zum Zähneputzen!

3. Wie reagierst du auf kleine Missgeschicke (du verschüttest Milch auf deine Mathe-Hausaufgabe, bekommst einen großen Pickel am Tag der Schulfotos usw.)?
   a) Das Leben ist so ungerecht! Ich hab immer Pech.
   b) Ich sag zu mir selbst: »Ach was, es könnte schlimmer sein!«
   c) Ich denke über die Situation nach, dann sage ich zu mir selbst: »Ach was, es könnte schlimmer sein!«

4. Was tust du gewöhnlich nach einer anstrengenden Woche?
   a) Ich entspanne mich beim Fernsehen oder mit Computerspielen. Dabei esse ich Eiscreme.
   b) Ich ziehe mich in mein Zimmer zurück und mache mir Sorgen über die kommende Woche.
   c) Ich nehme ein warmes Bad, schreibe in mein Tagebuch und überlege, was ich nächste Woche besser machen kann.

5. Wie schätzt du dein Leben in letzter Zeit ein?
a) Ich bin zufrieden und dankbar für alles, was ich habe, auch wenn manches so seine Probleme mit sich bringt.
b) Mein Leben ist anstrengend. Manchmal bin ich so erschöpft, dass ich mich nicht mehr über die schönen Dinge freuen kann.
c) Es ist eine Berg-und-Tal-Bahn. Ich habe großartige Tage und schreckliche Tage.

Auswertung:
1.   a) 3   b) 2   c) 1
2.   a) 2   b) 3   c) 1
3.   a) 1   b) 3   c) 2
4.   a) 2   b) 1   c) 3
5.   a) 3   b) 1   c) 2

15–12 Punkte: Toll! Was Stressbewältigung angeht, bist du absolut top!
Du hat kapiert, dass Probleme ein natürlicher Teil des Lebens sind, und du hast gelernt, damit umzugehen. Trotzdem solltest du einige Entspannungsmethoden lernen, zum Beispiel Yoga und Meditation.

11–7 Punkte: Du bist auf dem richtigen Weg.
Manchmal ist das Leben großartig, manchmal hart. Wenn du ein paar Entspannungsmethoden lernst, zum Beispiel Visualisieren, kannst du deinen Stresspegel senken und bald überwiegen die sonnigen Tage!

6 oder weniger Punkte: Lerne abzuschalten!
Versuche in stressigen Momenten, im Geist einen Schritt zurückzutreten. Frag dich: »Wird das in einem Jahr noch wichtig sein?« Vielleicht hältst du es jetzt für eine Katastrophe, dass du deine Lieblingskette verlegt hast – aber langfristig ist es bedeutungslos. Du hast keine Zeit, dich zu entspannen? Aber du bist es dir schuldig! Wenn du ein paar Minuten tief atmest, ist das schon ein guter Anfang.

Die Macht der Ruhe

Warum lässt du dich vom Stress kaputt machen, wenn du stattdessen Ruhe und Ausgeglichenheit haben kannst? Entspannt sein ist besser für das Herz, den Blutdruck und den Energiepegel. Meditation, Yoga und Entspannungsübungen verbessern die Konzentration, lindern Depressionen und steigern die Kreativität.

Wenn du dich selbst entdecken willst, kann dir vor allem die Meditation helfen, weil du beim Meditieren deinen Geist beobachtest. Vielleicht schließt du manchmal die Augen, um ein Stück Schokolade oder eine fantastische Massage richtig auszukosten. Die Meditation ist etwas Ähnliches. Du schließt die Augen, schiebst alle Ablenkungen beiseite und horchst in deinen Geist und in dein Herz hinein. So spürst du viel intensiver, wer du wirklich bist. Du wirfst deine äußeren Hüllen ab und dein inneres Selbst kann sich entfalten. Auf diese Weise gelangst du an einen Ort, an dem es oft keine Worte mehr gibt, sondern nur noch Empfindungen.

In diesem Kapitel beschäftigen wir uns mit verschiedenen Meditationsübungen. Meditation ist eine Entspannungsmethode, die den Geist trainiert. Du konzentrierst dich dabei auf *absolut nichts*. Das ist schwieriger, als es sich anhört! Trotzdem solltest du den Rat der Autorin Maureen Green beherzigen: »Wir alle können meditieren, vorausgesetzt, wir nehmen uns Zeit und sorgen für eine Gelegenheit.« Um zu meditieren, brauchst du lediglich einen ruhigen Platz und die Bereitschaft dazu.

Was meinst DU?

Ich finde es stressig, Teenager zu sein. Wenn Kinder sieben oder acht sind, träumen sie davon, Teenager zu sein. Jetzt, da ich mittendrin stecke, muss ich sagen, dass alle meine Freundinnen und ich nur darauf warten, dass diese Zeit vorübergeht. Du sitzt zwischen zwei Stühlen. Mit Puppen willst du nicht mehr spielen, aber du weißt auch, dass du noch nicht reif für Verabredungen mit Jungs bist. Du bist nicht zehn, aber auch nicht zwanzig. Du hängst irgendwo in der Mitte. Das ist frustrierend, manchmal deprimierend, und es geht dir auf den Geist. Ich glaube, darum fühlen sich so viele Teens verloren und wissen nicht, wohin ihr Leben sie führt.

GILLIAN MCHALE, 15 JAHRE

Die Atmung

Der erste Schritt zur Meditation, zum Visualisieren und zum Yoga ist die richtige Atmung. Vielleicht denkst du nun: »Ich weiß seit meiner Geburt, wie man atmet – andernfalls wäre ich tot!« Das stimmt nicht ganz. Natürlich hast du die Fähigkeit zu atmen – aber du atmest wahrscheinlich nicht so, wie es sein sollte. Die meisten Menschen nutzen beim Atmen nur etwa zwanzig Prozent ihres Lungenvolumens; ihr Körper könnte doppelt so viel Sauerstoff bekommen, wenn sie lernen würden, richtig zu atmen. Und dieser zusätzliche Sauerstoff ist äußerst nützlich! Er strafft die Haut, lindert Stress, verbessert die Muskelleistung und hilft dir, klarer zu denken.

Achte einmal auf deine Atmung. Ist sie flach oder tief? Welcher Teil des Brustkorbs weitet sich? Im Idealfall atmest du durch die Nase ein, drückst das Zwerchfell nach unten und wölbst den Bauch. Der Atem sollte den Brustkorb von unten bis oben füllen, ohne dass du die Schultern hebst. Wenn du ausatmest, stößt du langsam möglichst viel Luft aus den Lungen. Die Ausatmung ist sehr wichtig, weil sie verbrauchte Luft entfernt und Platz für frische Luft schafft. Probier diese Atmung zehn gemächliche Atemzüge lang. Wie fühlst du dich? Bist du entspannter?

Nutze diese Tiefatmung, wenn du dich auf die Meditation vorbereitest und immer dann, wenn du dich entspannen willst oder klar denken musst. Einerlei, ob du vor einem wichtigen Spiel stehst oder morgens noch im Bett liegst, diese zehn Atemzüge verpassen dir einen erstaunlichen Energiestoß und geistige Klarheit und dennoch wirken sie beruhigend.

Meditation

Es gibt viele Arten der Meditation, doch bei allen geht es darum, den Geist zu beruhigen und den Körper zu entspannen. *Das ist manchmal überraschend schwierig.* Du brauchst viel Disziplin, um die Stimmen zum Schweigen zu bringen, die in deinem Kopf unaufhörlich um Aufmerksamkeit buhlen. Das Ziel besteht darin, der Stille möglichst nahe zu kommen, selbst wenn ab und zu ein paar Gedanken auftauchen. Anfangs ist es fast unmöglich, alle Gedanken abzustellen; aber wenn du täglich übst, wird es leichter. Du kannst fast überall meditieren – zum Beispiel vor der kniffligen Mathearbeit!

So wird's gemacht

1. Such dir einen ruhigen Ort, an dem niemand dich stört. Leg dich bequem auf den Boden oder setz dich mit gekreuzten Beinen so auf ein Kissen oder eine Decke, dass der Beckenknochen angehoben wird. Schließ die Augen und atme durch die Nase aus. Reguliere deinen Atemrhythmus nicht, hör ihm einfach nur zu.

2. Wenn du etwa fünf Minuten deinem Atem zugehört hast, atmest du tiefer ein, so wie du es im vorigen Abschnitt gelernt hast. Stell dir vor, dein Bauch sei ein Ballon, den du mit Luft füllst und leerst.
3. Versuche, an nichts Bestimmtes zu denken, außer an »Ruhe« beim Einatmen und an »Entspannung« beim Ausatmen. Konzentriere dich auf diese beiden Worte und auf die Luft, die ein- und ausströmt. Denk nur an diese zwei Worte. Wenn dir ein Gedanke kommt, betrachte ihn als Seifenblase – lass ihn platzen oder wegtreiben.
4. Meditiere so lange, wie du dich wohl fühlst. Spring dann aber nicht sofort auf die Beine und rase zu deinem nächsten Termin. Beweg dich langsam und lass dein Bewusstsein allmählich in deine Umgebung zurückkehren.

Zähme den Affen!

Fast allen Anfängern fällt es schwer, beim Meditieren die Gedanken zu beruhigen. Das Gehirn will von Natur aus plappern und von einem Gedanken zum andern huschen. Buddhisten sprechen vom »Affengeist« als Hauptgrund dafür, dass viele neue Meditierende das Handtuch werfen, bevor sie den wahren Segen des stillen Sitzens kennen gelernt haben. Wenn du dir deinen Geist als Affen im Dschungel vorstellst, der sich von Ast zu Ast schwingt und gelegentlich eine Pause einlegt, kannst du versuchen, »den Affen zu zähmen«.

Meditiere anfangs nicht länger als fünf Minuten. Sei nicht enttäuscht – mit der Zeit klappt es besser. Konzentriere dich auf die Atmung, wenn die Gedanken abschweifen. Wenn du es schaffst, den Geist leer zu machen, meditierst du nach und nach länger. Eine halbe Stunde ist ideal, aber jede Minute lohnt sich. Versuche, jeden Tag mindestens zehn Minuten zu meditieren. Wenn du für eine lange Meditation wirklich keine Zeit hast, kannst du die Zeit

Meditationsübungen

Mantra-Meditation
Ein Wort oder eine Silbe (Mantra) hilft dir, die Gedanken zu bündeln. Du kannst das Mantra beim Ein- und Ausatmen summen oder denken, zum Beispiel Liebe, Gott, Mutter, Ruhe oder Frieden.

Farb-Meditation
Wähl eine Farbe aus, die du mit einer bestimmten Eigenschaft verbindest, etwa Rosa mit Liebe oder Gelb mit Energie. Hülle dich im Geist in diese Farbe, während du meditierst. Stell dir beim Einatmen vor, dass die Farbe in dich hineinströmt, und stell dir vor, dass du alles Negative und Ungesunde ausatmest.

Ohhmm...

Wasser-Meditation
Füll ein Glas mit Wasser und halte es zwischen den Händen. Die Hände berühren einander nicht. Schau mindestens fünf Minuten zum Glas hinunter und betrachte es. Vielleicht siehst du Farben, Energiewirbel oder einfach nur Wasser. Konzentriere dich auf das Wasser, bis die Zeit um ist, und trink es dann. Viele Leute glauben, dass deine Energie das Wasser in eine besondere Art von »Heiltrunk« verwandelt, der den Körper mit allem versorgt, was er braucht.

Problem-Meditation
Wenn du ein Problem oder eine Frage hast, denk vor dem Meditieren darüber nach und lass das Unbewusste während der Meditation daran arbeiten. Grüble nicht während der Meditation; beobachte nur die Gedanken und Bilder, die sich einstellen. Sie können dir Lösungen oder Antworten liefern. Hör auf deine innere Intelligenz, denn gerade darum geht es bei der Selbsterforschung.

im Bus oder unter der Dusche nutzen, um tief zu atmen und den Geist zu leeren. Schon eine Minute der Meditation macht dich ruhiger und konzentrierter. Meditieren kannst du immer und überall.

Nach und nach spürst du den Nutzen der Meditation. Du kannst Stress besser bewältigen und entspannst dich leichter. Und wenn du mal nicht einschlafen kannst, ist eine Atemmeditation besser als Schäfchenzählen!

Visualisieren

Der Vollmond. Ein Vulkanausbruch. Eine Schale mit reifen Erdbeeren. Siehst du vor deinem geistigen Auge Bilder, wenn du diese Worte liest? Wenn du solche Bilder bewusst hervorrufst, *visualisierst* du. Visualisierung (auch gelenkte Imagination genannt) ist eine Art Meditation, bei der wir uns auf ein geistiges Bild konzentrieren, um bestimmte Gefühle auszulösen: Frieden, Energie, Zuversicht – was immer wir uns wünschen. Wenn das Gehirn uns imaginäre Abenteuer erleben lässt, muss es die Grenze der Wirklichkeit überschreiten und ins Reich der Fantasie eindringen.

Du brauchst kein vollkommenes Bild im Kopf zu haben, wenn du visualisierst. Die meisten Menschen sehen keine völlig klaren Bilder. Ich sehe meist verschwommene Umrisse und kenne viele Leute, die ein Bild spüren, fühlen oder sogar riechen, anstatt es zu sehen. Hab Geduld – je mehr Erfahrung du hast, desto klarer werden deine geistigen Bilder.

Ich lege immer ein Notizbuch bereit, wenn ich visualisiere. Manchmal habe ich gute Einfälle, die ich aufschreiben möchte. Bevor ich anfange, mache ich ein paar einfache Atemübungen. Ich setze mich in einen Sessel oder lege mich auf den Boden und beobachte eine Weile meine Atmung. Dann atme ich immer tiefer ein und immer langsamer aus. Das ist eine gute Vorbereitung auf jede Meditation.

Los geht's!

Jede Szenerie, die dich entspannt oder für dich von besonderer Bedeutung ist, eignet sich als Ausgangspunkt der Visualisation. Sehr beliebt sind tropische Strände, schneebedeckte Berge und üppige Wälder. Aber du kannst dir auch dein eigenes Märchenland ausdenken. Wichtig ist, dass du das Bild nicht nur siehst, sondern auch *erlebst*. Schwelge in Einzelheiten: Hör den Bach plätschern, riech die Blumen, spür den Nebel auf deiner Wange. Wie real wird dein Bild?

Es kann hilfreich sein, einer schriftlichen Anleitung zu folgen. Falls es dir schwer fällt, sie auswendig zu lernen, kannst du sie auf Tonband sprechen oder von einer Freundin vorlesen lassen. Hier sind zwei Visualisierungen zum Ausprobieren:

1. Strandabenteuer

Bereite dich durch tiefes Atmen vor. Schließ die Augen und entspann dich. Du befindest dich am Strand einer herrlichen Insel. Das Wasser ist kristallklar, der Sand weich und weiß. Nimm diese Szene in dich auf. Die Sonne wärmt dir das Gesicht und es weht eine frische, salzige Brise. Der blaue Himmel ist mit ein paar weißen Wolken gesprenkelt. Du gehst aufs Meer zu, deine Zehen graben sich in den warmen, weichen Sand. Du bist ganz entspannt und frei von Sorgen.

Jetzt bis du am Wasser angelangt. Die Wellen kitzeln dich an den Zehen. Ruhig stehst du da und betrachtest den Horizont. Ein fröhliches Quietschen ist zu hören – ein Delfin nähert sich. Er will mit dir spielen. Du gehst ins kühle, funkelnde Wasser.

Du schlingst die Arme um den kräftigen Rücken des Delfins und er trägt dich hinaus aufs Meer. Erst schwimmt er langsam, dann immer schneller und schließlich rast ihr über die Meeresoberfläche. Dein Haar weht im Wind, Gischt sprüht auf dein Gesicht. Du bist erregt, furchtlos und frei.

Nach dem aufregenden Ritt bringt der Delfin dich zurück zur Insel. Du dankst ihm und umarmst ihn zum Abschied. Dann gehst du den weißen Strand entlang und lässt dich von der Sonne trocknen. Die Luft duftet nach Blüten. Es ist schön, die Energie der Sonne aufzunehmen. Du hörst die Wellen rauschen und bist ganz ruhig, liebevoll und im Einklang mit dem Rhythmus der Erde.

Nun ist es Zeit, nach Hause zu gehen. Ein letztes Mal schaust du hinaus aufs Meer. Dann zählst du langsam bis fünf und bereitest dich darauf vor, die Augen zu öffnen. Eins ... zwei ... drei ... Atme tief ... vier ... fünf ... Jetzt öffnest du die Augen und streckst dich. Du bist wieder zu Hause.

2. *Waldspaziergang*

Atme einige Male tief ein, schließ die Augen und entspann dich. Du bist in den Bergen. Die Luft ist klar und duftet nach Kiefern. Du gehst auf weichem Waldboden und spürst die knisternden Kiefernnadeln unter den Füßen. In der Ferne plätschert ein Bergbach. Du folgst dem Geräusch und entdeckst den Bach, der sich durch grünes Farn und purpurrote Blumen schlängelt.

Das Wasser des Baches ist wie Kristall. Am Ufer wächst wunderschönes Moos. Das Wasser huscht über die Steine, die es im Lauf der Zeit rund geschliffen hat. Du kniest am Ufer nieder, holst einen dunklen, kühlen Stein aus dem Bach und legst ihn auf die Handfläche. Sein Gewicht lässt dich an Sicherheit, Kraft und Ruhe denken. Du betrachtest den Horizont und siehst in der Ferne eine kleine Lichtung im Sonnenschein.

Sanft legst du den Stein ins Wasser zurück und stehst auf. Du gehst auf die Lichtung zu. Im Wald siehst du ein Reh an grünen Blättern knabbern. Es schaut dich aus großen braunen Augen an und wendet sich dann ab. Du weißt, dass du ihm folgen sollst. Das Reh führt dich zu einer Gruppe riesiger Kiefern. Du hörst ein Rauschen und entdeckst einen schimmernden Wasserfall. Weiße Wasserschleier fallen von überhängenden Felsen in einen dunkelgrünen Teich. Die Luft ist dunstig. Moose und Farne, mit winzigen Tautropfen bedeckt, säumen den Teich.

Du gehst in den flachen Teich und auf den Wasserfall zu. Der Dunst wird dichter und benetzt dein Gesicht, kühl und erfrischend. Dann stehst du genau unter dem Wasserfall und lässt das Wasser über den ganzen Körper fließen. Es sickert ins Haar, fließt über die Schultern und den Rücken hinab. Du stehst jetzt ganz unter dem Wasserfall und lässt das Wasser über deinen Körper laufen. Deine Sorgen und Ängste werden fortgespült. Nach einer Weile steigst du erfrischt und entspannt aus dem Teich.

Es ist Zeit, nach Hause zu gehen. Du wirfst einen letzten Blick auf den Wasserfall und zählst dann langsam bis Fünf. Eins ... zwei ... drei ... tief atmen ... vier ... fünf ... Du öffnest die Augen und streckst dich. Du bist zu Hause.

Nimm dir Zeit für die Stille

Wir lassen uns oft vom Stress des täglichen Lebens verwirren und überwältigen. Aber wenn wir uns Zeit nehmen, um einen Schritt zurückzutreten und unsere Gedanken zur Ruhe kommen zu lassen, finden wir einen friedlichen Platz, an dem wir unsere Seele erforschen können. Meditation, Visualisieren und tiefe Atmung sind unglaublich wirksam, wenn wir ihnen einen Platz im Leben einräumen. Manchmal sind wir so beschäftigt, dass wir nicht einmal Zeit haben, unsere Gefühle zu verstehen. Wie können wir hoffen, Probleme zu lösen, wenn wir sie nicht einmal richtig wahrnehmen? Nimm dir Zeit für die Stille in deinem Leben. Dann lernst du nach und nach den vielschichtigen und wundervollen Menschen kennen, der du bist!

Lesenswerte Bücher

Stell dir vor. Kreativ visualisieren von Shakti Gawain
Kursbuch Meditation von Davin Fontana
Gesund durch Meditation von Jon Kabat-Zinn
Kleine Meditationsschule von Eddie und Debbie Shapiro

5. Finde den Schlüssel zu deiner Seele

DEIN TAGEBUCH

Am ersten Tag meines zweiten Schuljahres ging unsere Lehrerin durch die Reihen der Tische und Stühle und verteilte schwarz-weiße Notizbücher. »Dieses Buch wird bald euer bester Freund sein«, sagte sie. »Jeden Tag schreibt ihr etwas hinein, egal wie viel oder wenig ihr zu sagen habt.« Ich nickte aufgeregt und drückte mein Buch fest an die Brust. Wie sollte ich es nennen? Melanie? Patty? Nach einigem Nachdenken beschloss ich, mein Tagebuch DJ zu nennen wie meine Lieblingsfigur aus der Sit-com *Full House*. Mein erster Eintrag war schlicht:

Liebe DJ,
du sollst meine beste Freundin sein. Ich libe Tiehre, und es macht mich traurig, das so viele Mänschen arm sind.
Deine Sarah

Natürlich wurden meine Eintragungen (und meine Rechtschreibung) mit der Zeit anspruchsvoller. Zunächst schrieb ich über meine Wünsche, Hoffnungen und Ängste, um Probleme zu überdenken und in meinem Leben einen Sinn zu finden. So wurde mein Tagebuch ein »Schlüssel zu meiner Seele«, der Türen öffnete und mir neue Aspekte meiner Persönlichkeit enthüllte.

Warum sollte ich ein Tagebuch führen?

Ein Tagebuch hat viele Vorteile. Es kann deine Kreativität beflügeln, vor allem wenn du gern Geschichten, Gedichte oder Lieder schreibst. Wenn du deine Sorgen zu Papier bringst, sehen sie sofort kleiner aus, und wenn du dich keinem Menschen anvertrauen willst, kannst du dich immer an dein Tagebuch wenden. Schreiben ist eine großartige Therapie. Die junge Anne Frank schrieb in ihr berühmtes Tagebuch: »Ich muss es jemandem erzählen, und am besten erzähle ich es dir, denn ich weiß, dass du ein Geheimnis für dich behältst, komme, was da wolle.«

Ein Tagebuch ist auch eine Chronik deines inneren Wachstums. Ich lese gern meine alten Einträge, weil ich dabei meine Entwicklung verfolgen und aus Erfahrungen lernen kann. Dein Tagebuch zeigt dir, wie weit du mit der Suche nach dir selbst gekommen bist.

Mit Hilfe der Übungen in diesem Kapitel kannst du deine Gefühle ausdrücken. Wenn du schreibst, musst du Worte finden, die deinen Gefühlen entsprechen, und wenn du ehrlich zu dir selbst bist, spiegelt dein Tagebuch deine innersten Ängste und Sehnsüchte wider. Auch darum geht es bei der Selbsterforschung!

Die Auswahl des Tagebuchs

Es gibt viele Möglichkeiten, ein Tagebuch zu führen. Du kannst darin deine Gefühle, deine täglichen Erlebnisse, Gedichte, Zitate und vieles andere festhalten. Dein Tagebuch kann in Leder gebunden sein oder aus losen Blättern im Schnellhefter bestehen. Du kannst jeden Tag darin schreiben oder nur aus besonderem Anlass. Du kannst es streng vertraulich behandeln oder mit jemandem teilen.

Tagebücher sind wie Menschen: Sie haben viele Formen, Farben und Größen, und jedes hat seine eigene Persönlichkeit. Wenn du ein Tagebuch kaufst, sollte es zu dir passen. Ich habe vorige Weihnachten ein wunderhübsches Tagebuch mit gemalten Lilien bekommen – es hätte einer Königin gefallen. Aber als ich versuchte, darin zu schreiben, wollte ich ganz tolle Sätze formulieren, die meine wahren Gefühle nicht wirklich ausdrückten. Also kaufte ich ein billiges fuchsrotes Notizbuch, und schon konnte ich ohne Hemmungen drauflos schreiben!

Drei wichtige Tipps

Die wichtigste Regel beim Tagebuchschreiben lautet: Es gibt keine Regeln. Ein paar Ideen fand ich trotzdem nützlich:

1. Dein Tagebuch gehört dir! Du brauchst es mit niemandem zu teilen, wenn du nicht willst.
2. Zensiere dich nicht. Schreib, was du fühlst, nicht was du deiner Meinung nach fühlen solltest. Es muss sich nicht »cool«, peppig oder intelligent anhören, wenn du in dein privates Tagebuch schreibst. Also bring deine innere kritische Stimme zum Schweigen und lass die Gedanken fließen.
3. Mach dir keine Sorgen über Rechtschreibung und Grammatik – dein Deutschlehrer schaut dir ja nicht über die Schulter. Konzentriere dich stattdessen auf deine Gefühle. Manchmal hast du vielleicht keine Lust, vollständige Sätze zu schreiben und notierst nur, was dir gerade einfällt.

Deine Privatsphäre

Wenn du weißt, dass dein Tagebuch ganz allein dir gehört, fällt es dir leichter, die Wahrheit zu schreiben. Es lohnt sich nicht, für ein Publikum zu schreiben und unehrlich zu sein! Darum ist es wichtig, dein Tagebuch an einem sicheren Ort aufzubewahren. Wenn deine Eltern oder Geschwister ein wenig zu neugierig sind, kaufst du am besten ein Tagebuch mit Schloss und suchst ein geheimes Versteck. Selbst wenn du deiner Familie vertraust, solltest du das Tagebuch nicht herumliegen lassen – sonst führst du Leute in Versuchung, die normalerweise nie in deine Privatsphäre eindringen würden.

Besondere Tagebücher

Überleg dir auch, welche Art Tagebuch du führen willst. Manche Mädchen schreiben jeden Abend auf, was sie tagsüber getan haben; andere schreiben nur gelegentlich. Ich führe mehrere Tagebücher, und alle sind anders. Eines ist zum Beispiel meinen Gefühlen und alltäglichen Ereignissen in meinem Leben vorbehalten, ein anderes sammelt meine Kurzgeschichten, Gedichte und Artikel. Das dritte hält alle wichtigen Ereignisse in meinem Leben fest, von der ersten Menstruation bis zum Beginn der High School.

Es macht mir Spaß, verschiedene Tagebücher zu führen, die zu meiner jeweiligen Stimmung passen. Aber diese Methode ist nicht für alle geeignet. Wenn die Idee dir gefällt, probier sie aus. Aber vielleicht ist es dir lieber, mit einem einzigen Tagebuch eine enge Freundschaft zu schließen.

Es gibt viele Arten von Tagebüchern, nicht nur die »Was-mir-heute-passiert-ist-Variante«. Die folgenden Anregungen helfen dir, dein einzigartiges Tagebuch zu finden:

Das Bildertagebuch: Dir gefällt der Gedanke, ein Tagebuch zu führen, aber du schreibst nicht gern? Dann empfehle ich dir ein »Künstlertagebuch« mit Bildern, Zeichnungen, Fotos, Collagen und allem, was deine Gedanken und Gefühle ausdrückt.

Das dankbare Tagebuch: Bevor du abends zu Bett gehst, schreibst du fünf Gründe auf, warum du an diesem Tag dankbar sein kannst: Der Duft von Mamas Parfüm, als du sie umarmt hast, oder die niedliche Hummel, die du auf dem Schulweg gesehen hast, sind gute Beispiele. Deine Liste muss nichts Großartiges enthalten. Am besten sind oft die kleinen Dinge im Leben.

Das Leckerbissen-Tagebuch: Ein- oder zweimal am Tag sehe oder höre ich etwas, was mich zum Lachen bringt oder ein neues Licht auf ein Problem wirft. Das kann ein Gespräch am Mittagstisch, ein Bild in der Zeitung oder der kreative Titel eines Buches sein. Solche »Leckerbissen« bringe ich in diesem Tagebuch unter. Natürlich notierst du dort auch den köstlichen Witz, den deine beste Freundin dir während des Physikunterrichts ins Ohr geflüstert hat. Notier dir das inspirierende Zitat oder Gedicht, das du irgendwo entdeckt hast. Schneide ein schönes Bild aus einer Illustrierten aus. Dieses Tagebuch ist eine Collage aus Erfahrungen, Erinnerungen und Gedanken.

Das Problemtagebuch: Wenn du gerne philosophierst und deine Gedanken zu Papier bringen möchtest, ist das Problemtagebuch genau richtig. Gib jedem Eintrag eine Überschrift, zum Beispiel »Existiert Gott?« oder »Wie kann ich mein Verhältnis zu meinen Eltern verbessern?« Versuch dann, die Frage zu beantworten. Manchmal hilft es, ein Problem auf verschiedenen Wegen anzugehen, und manchmal gibt es auch keine eindeutige Antwort.

Das Reisetagebuch: Wenn du gern unterwegs bist, kannst du ein spezielles Tagebuch nur für Ferien und Reisen führen. Schreib über die Orte, die du siehst, die Menschen, denen du begegnest, und das, was du unterwegs lernst. Wenn du willst, kannst du auch Andenken wie Flugzeugtickets einkleben.

Das kreative Tagebuch: Hier passt alles hinein, was deine Kreativität beflügelt: Gedichte, Geschichten, Zitate und so weiter. Dies ist das Tagebuch für die Dichterin in dir!

Das Beziehungs-Tagebuch: Die Beziehungen mit der Familie und mit Freundinnen und Freunden sind für uns besonders wichtig. In dieses Tagebuch schreibst du also, wie deine Beziehungen sich entwickeln. Schreib über das großartige Gespräch mit deinem Vater, den Streit mit deiner besten Freundin und den Ärger mit deinem Freund. Schütte dein Herz aus, aber bewahre dieses Tagebuch gut hinter Schloss und Riegel!

Das Tagebuch für dies und das: Die bisher genannten Tagebuchtypen sollen nur deine eigene Fantasie anregen. Du brauchst dein Tagebuch nicht auf einen einzigen Typ zu beschränken. Du kannst es mit Bilder, Zitaten, Dank und ALLEM, WAS DU WILLST, füllen!

So, und jetzt kannst du loslegen ...

Stoff fürs Tagebuch

Wenn ich in mein Tagebuch schreiben will, mir aber nichts einfällt, helfen mir meine ständigen Rubriken weiter. Die folgenden acht Rubriken regen bestimmt auch deine Fantasie an.

1. Die »Ich-Liste«. Das ist eine Liste von 100 Adjektiven, die dich beschreiben. Warum so viele? Nun, die ersten paar beziehen sich wahrscheinlich auf allgemeine Eigenschaften: gesprächig oder schüchtern, sportlich oder unbeholfen. Aber ich will, dass du über die Worte hinausgehst, die dich schon immer beschrieben haben. Sobald du beim fünfzigsten Adjektiv angelangt bist, solltest du dich weniger auffälligen, aber ebenso wichtigen Aspekten deiner Persönlichkeit zuwenden. So lernst du dich kennen.

2. Ein Brief an dich selbst. Manchmal frage ich mich, ob ich mich später noch an bestimmte Erfahrungen in meiner Jugend erinnern kann. Werde ich meinen Kindern berichten können, wie aufgeregt ich am ersten Tag an der High School war? Werde ich mit 90 Jahren kichernd im Bett liegen und an meine Schauspielkünste als Pippi Langstrumpf denken? Solche Momente möchte ich nie vergessen – aber wie kann ich das verhindern? Ein Brief an mich selbst ist die Lösung!

Schreib einmal im Jahr aus einem besonderen Anlass (zum Beispiel an deinem Geburtstag) einen Brief an dich. Lass die vergangenen zwölf Monate Revue passieren, leg deine Ziele für das kommende Jahr fest, und erinnere dich daran, wer du wirklich bist und sein willst. Ein Jahr später liest du den Brief und schreibst einen neuen. Auf diese Weise kannst du festhalten, wie du und deine Ziele sich im Lauf der Zeit ändern.

Du brauchst damit aber nicht bis zu deinem Geburtstag zu warten. Es gibt auch andere spezielle Anlässe, zum Beispiel:

- eine bestandene Abschlussprüfung
- dein erster Ferienjob
- dein erster Freund

Wenn du dich wieder einmal über deine Eltern geärgert hast, schreib einen Brief an dich, den du erst *als Mutter* öffnest. Schreib auf, was dir an deiner Erziehung gefallen oder nicht gefallen hat. Wenn du eines Tages ein Kind hast, öffnest du diesen Brief und liest nach, welche Erziehungsmethoden nützlich und welche deiner Meinung nach verkehrt sind.

3. Die andere Seite. Das menschliche Gehirn ist immer noch ein Mysterium, aber einige seine Grundlagen können wir durchaus verstehen. Es hat zum Beispiel zwei Hälften oder Hemisphären mit unterschiedlichen Aufgaben. Bei den meisten Menschen steuert die linke Hälfte die rechte Körperseite sowie Sprache, mathematische Fähigkeiten, Vernunft und logisches Denken. Die rechte Seite ist für die linke Körperseite und für Fantasie, künstlerische Talente und Intuition zuständig.

Obwohl die rechte Hemisphäre für Kreativität zuständig und daher sehr wichtig ist, wird sie oft vernachlässigt. Um das zu ändern, schreibst du gelegentlich mit der linken Hand in dein Tagebuch (oder mit der rechten, wenn du Linkshänderin bist). Vielleicht überrascht es dich, was die andere Seite deines Gehirns zu sagen hat. (Ein Tipp: Anfangs ist es häufig negativ, aber auch äußerst aufschlussreich.)

4. Weg mit den Vorurteilen! Wir alle hegen Vorurteile gegen uns selbst. Vielleicht hältst du dich für eine Vortragskünstlerin, obwohl du deine Referate vor der Klasse regelmäßig verpatzt. Oder du glaubst, nicht im Schulchor mitsingen zu können, obwohl du hervorragend mit dem Radio um die Wette singen kannst (natürlich nur, wenn du allein bist). Zum Teil denken wir uns solche Vorurteile selbst aus, zum Teil lassen wir andere entscheiden, wer wir sind und über welche Talente wir verfügen.

In der ersten Klasse war ich eine der Schwächsten im Rechtschreiben. Heute halte ich mich auf diesem Gebiet immer noch für schwach, obwohl ich besser bin als die meisten anderen in der Klasse. Das ist eines meiner Vorurteile. Mit welchen Vorurteilen hast du dich umgeben? Schreib sie auf, und gib an, warum sie falsch sind. Wenn du deine persönlichen Vorurteile überwinden willst, musst du sie zuerst aufspüren.

Was meinst DU?

Ich führe mein Tagebuch unter anderem deshalb, weil ich später einmal nachlesen will, was ich in diesem Alter erlebt habe.

EMMARIE HUETTEMAN, 13 JAHRE

Dadurch, dass ich ein Tagebuch führe, kann ich innerlich wachsen und herausfinden, wer ich bin. Es ist für mich, was Sport für meine Muskeln ist. Ja, manchmal ist es schmerzhaft oder ich fühle mich verletzt, aber das macht mich stärker – es ist so ähnlich wie bei einem Muskelkater.

MOLLY BRANNAN, 16 JAHRE

Anfangs war das Tagebuch mein Hobby, später wurde es für mich zu einem heilsamen Ausdrucksmittel. Hier kann ich meine Gefühle loswerden und entdecken, wer ich bin. Meine Gefühle werden klarer; Sorgen, Gedanken und Erinnerungen kommen mir sinnvoller vor, wenn ich sie aufschreibe. Außerdem kann ich besondere Augenblicke oder Ereignisse für die Zukunft festhalten.

JULIA HALPRIN JACKSON, 16 JAHRE

Ich führe eher ein »traditionelles« Tagebuch. Es hilft mir, mich selbst auszudrücken, meine Gefühle in diesem Augenblick, ohne dass ich fürchten muss, die Gefühle anderer zu verletzen. Außerdem führe ich ein Tagebuch mit Ideen für Kurzgeschichten, wie der amerikanische Autor Nathaniel Hawthorne es getan hat. Wenn ich ein interessantes Gespräch höre, fasse ich es zusammen und verwerte es eines Tages.

GILLIAN MCHALE, 15 JAHRE

5. Chaotische Gefühle. Wehre dich nicht gegen heftige Gefühle. Genieß sie, koste sie aus, versuch sie in deinem Tagebuch zu beschreiben – mit Worten, Farben oder Bildern. Du musst keine vollständigen Sätze verwenden.

6. *Einfache Lösungen.* Denk an ein Problem, an eine Situation oder an ein Ereignis, das dich verstört oder verwirrt. Schreib dann deine Gefühle und Ängste auf. Sei ehrlich, auch wenn es vielleicht weh tut. Überleg, wie du dich fühlst und warum du dich so fühlst. Was würdest du ändern, wenn es in deiner Macht stünde?

7. *Schwierige Beziehungen.* Welche deiner Beziehungen möchtest du besser verstehen? Schreib ein Schlüsselerlebnis innerhalb dieser Beziehung auf. Wie fühlst du dich, wenn der oder die Betreffende bei dir ist? Warum? Wie sähe diese Beziehung in einer vollkommenen Welt aus?

8. *Lass dich inspirieren.* Wenn du nicht weißt, was du in dein Tagebuch schreiben sollst, lass dich von anderen inspirieren. Einige Tagebücher von mutigen Teenagern wurden veröffentlicht und sind auf der ganzen Welt erhältlich. Zu meinen Favoriten gehören das *Tagebuch* von Anne Frank (ein Muss!) *Fragt mal Alice* und *Ich bin ein Mädchen aus Sarajewo*. Bei diesen Tagebüchern geht es um ernste, schmerzliche und oft traurige Themen; aber sie helfen dir, dich selbst zu verstehen, und zeigen dir, wie viel Kraft ein Tagebuch dir geben kann.

Ein paar abschließende Gedanken

Dies war ein Kapitel voller Ideen und Anregungen. Feste Regeln gibt es beim Tagebuchschreiben nicht. Deine Ideen sind ebenso wertvoll wie meine. Gib nicht auf, wenn du ein paar Tage, Wochen oder gar Monate nichts geschrieben hast. Dein Tagebuch macht dich mit deinen Gefühlen und Erfahrungen vertraut. Je mehr du schreibst, desto mehr Freude macht es dir! Der bereits erwähnte Henry David Thoreau hat einmal gesagt: »Richte deinen Blick nach innen, und du findest tausend unbekannte Länder in dir. Bereise sie und werde ein Kenner deiner eigenen Geographie.« Was für eine faszinierende Reise!

Lesenswerte Bücher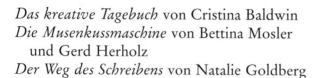

Das kreative Tagebuch von Cristina Baldwin
Die Musenkussmaschine von Bettina Mosler
   und Gerd Herholz
Der Weg des Schreibens von Natalie Goldberg

6. Schlaf drüber!

TRAUMDEUTUNG

Eines Tages erzählte ich einer Freundin in der Schule von meinem heimlichen Wunsch, Popstar zu werden. Sie lachte und erwiderte: »Aber nur in deinen Träumen!« Ich dachte kurz darüber nach und begriff, dass sie Recht hatte. Es ist unwahrscheinlich, dass ich eine Mariah Carey werde – aber in meinen Träumen kann ich alles sein und alles tun. Träume sind ein fantastischer Spielplatz für unsere Schöpfungskraft, und sie haben unseren Respekt und unsere Aufmerksamkeit verdient.

Wissenschaftler wissen immer noch nicht genau, was ein Traum ist; aber sie glauben, dass er dem Gehirn hilft, Probleme zu verarbeiten und Spannungen abzubauen. Das Unbewusste schreibt ein komplexes, verschlüsseltes Drehbuch für unsere Träume, damit wir verdrängte Gefühle loswerden, unsere täglichen Probleme lösen und neue Fähigkeiten entdecken können. Die tiefsten Einblicke in unser Selbst verdanken wir unseren Träumen, denn sie sind die Fenster der Seele und vermitteln uns wichtige Botschaften. Wenn wir auf unsere Träume hören, dürfen wir einen Blick in das geheimnisvolle Unbewusste werfen. Es wird dich überraschen, was dieser Teil deines Ichs dir zu sagen hat! Unsere Träume kommen jede Nacht wie Briefe einer guten Freundin, und sie enthalten wertvolle Ratschläge. Würdest du viel versprechende Briefe ungeöffnet wegwerfen?

Eine Geschichte der Träume

Die Menschen interessieren sich seit undenklichen Zeiten für ihre Träume. Das erste Buch über Traumdeutung schrieben die Ägypter 1300 v. Chr. Viele berühmte Erfindungen, literarische Werke und wissenschaftliche Entdeckungen wurden von Träumen inspiriert. Mary Shelley kam als Neunzehnjährige im Traum auf die Idee, ihren berühmten *Frankenstein* zu schreiben. Albert Einstein wurde als Teenager durch einen Traum zu seiner Relativitätstheorie inspiriert. Viele berühmte Autoren und Künstler, von Anne Rice über Stephen King bis zu Salvador Dalí schreiben einige ihrer größten Werke ihren Träumen zu. Wenn diese Menschen gelernt haben, die Macht und die Kreativität ihrer Träume zu nutzen, dann gelingt dir vielleicht das Gleiche!

Die meisten Menschen träumen jede Nacht drei- bis sechsmal, und ein Traum dauert zwischen zehn und fünfundvierzig Minuten. Die meisten Träume haben wir in einem Schlafstadium, das man REM-Phase nennt (REM steht für *rapid eye movements*: »schnelle Augenbewegungen«). Diese Phase beginnt etwa neunzig Minuten nach dem Einschlafen und wiederholt sich in immer kürzeren Abständen während des Schlafes. Dann wird dein wundervolles Gehirn zum Kino und spielt faszinierende Filme, deren Autorin, Regisseurin, Produzentin und Schauspielerin DU bist!

So erinnerst du dich an deine Träume

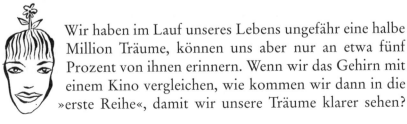

Wir haben im Lauf unseres Lebens ungefähr eine halbe Million Träume, können uns aber nur an etwa fünf Prozent von ihnen erinnern. Wenn wir das Gehirn mit einem Kino vergleichen, wie kommen wir dann in die »erste Reihe«, damit wir unsere Träume klarer sehen?

Sich an Träume zu erinnern, ist leichter als du denkst, sobald du einmal daran gewöhnt bist. Früher fiel es mir schwer, mich an meine Träume zu erinnern, aber heute ist es mir fast unmöglich, sie zu vergessen! Wie ich das geschafft habe? Ich habe meine Träume jeden Morgen in mein Traumtagebuch geschrieben.

Das Traumtagebuch

Das Geheimnis der Traumexperten ist das **Traumtagebuch!** Dieses Tagebuch verwandelt die abstrakten, mystischen Welten in deinem Kopf in greifbare, klare Ideen auf Papier, die du viel besser verstehen kannst. So fängst du an:

1. Such dir ein Traumtagebuch aus, ein Notizblock, ein hübsches gebundenes Buch oder etwas anderes, was dir gefällt. Leg dein Traumtagebuch und einen Stift neben dein Bett.

2. Öffne vor dem Einschlafen eine neue Seite und schreib ein paar Tageseindrücke auf (wichtige Ereignisse, Probleme, Streit, Klatsch). Wiederhole den folgenden Satz laut: »Ich werde mich an meine Träume erinnern.« Vielleicht kommst du dir dabei ein wenig albern vor; aber dieser Satz signalisiert deinem Gehirn, dass du deine Träume verstehen willst. Das Unbewusste ist dann eher zur Mitarbeit bereit.

3. Versuche sofort nach dem Aufwachen am Morgen, dich an deine Träume zu erinnern. Bleib mit deinem Traumtagebuch im Bett, und schreib alles auf, was dir noch einfällt, selbst wenn es nur Bruchstücke sind. Während du Teile eines Traumes aufschreibst, fällt dir oft noch mehr ein. Schreib im Präsens (»Ich klettere die Bohnenranke hinauf«), nicht im Imperfekt (»Ich kletterte hinauf«), damit du den Traum realer erlebst. Auch das kann dem Gedächtnis auf die Sprünge helfen.

4. Schreib auf, wo du im Traum bist und was du fühlst, siehst, hörst und riechst. Mach dir keine Gedanken über Rechtschreibung oder Grammatik.

5. Wenn du morgens wenig Zeit hast, notierst du dir zumindest ein paar Stichworte oder Sätze, auf die du dich später stützen kannst. Dafür brauchst du nur eine Minute.

6. Sobald du deinen Traum geschildert hast, schreibst du auf der gegenüberliegenden Seite deine Meinung dazu. Das ist sehr wichtig. Denk an die Gefühle während des Traums und danach, und überlege, wie der Traum mit dem realen Leben zusammenhängen könnte.

7. Gib deinem Traum eine Überschrift, wenn du willst. Fasse ihn unter dem Titel mit einigen Sätzen zusammen. Gib ihm ein Datum, damit du später weißt, wann du ihn geträumt hast.

Des Rätsels Lösung

Jetzt weißt du also, wie du dich an Träume erinnern kannst und wie du sie festhältst. Aber was nützt das, wenn du nicht kapierst, was sie dir sagen wollen? Denk daran, dass jede Person, jeder Ort und jeder Gegenstand im Traum eine Bedeutung hat. Du musst also Detektivin spielen und mögliche Antworten aufspüren. Dabei helfen dir die »Fünf W« der Journalisten: Wer, was, wann, wo und warum?

Wer? Wer taucht im Traum auf? Was bedeuten diese Menschen für dich oder was symbolisieren sie? Angenommen, du träumst von deiner Großmutter. Was sagt dir das? Wenn sie krank oder schwach ist, symbolisiert sie vielleicht Zerbrechlichkeit. Wenn sie gütig und liebevoll ist, könnte sie Mitgefühl oder Weisheit ausdrücken.

Was? Zähle alle Gegenstände auf, die im Traum vorkommen. Wofür stehen sie? Ein Traumwörterbuch kann dir helfen, aber deine innere Weisheit ist wichtiger. Niemand kann einen Traum für dich deuten, weil jedes Mädchen einzigartig ist. Für dich sind Hunde vielleicht freundliche, tröstende Sinnbilder, für deine beste Freundin möglicherweise Symbole der Angst. Um einen Anfang zu finden, kannst du die Liste der Traumsymbole am Ende des Kapitels benutzen.

Wann? Was geschah in deinem Leben, als du diesen Traum hattest? Machst du derzeit große Veränderungen durch? Träume haben meist etwas mit den Ereignissen im realen Leben zu tun. Wenn du umziehst, eine neue Schule besuchst oder dich von deinem Freund trennst, spiegeln diese Ereignisse sich in deinen Träumen wider.

Wo? Für die Traumdeutung ist es äußerst wichtig, wo du dich im Traum befindest. Wenn du im Flugzeug bist, fühlst du dich vielleicht »obenauf«. Aber wenn das Flugzeug abstürzt, musstest du möglicherweise vor kurzem hochfliegende Hoffnungen begraben. Ein Haus symbolisiert oft dich selbst und jedes Zimmer ist ein Teil deiner Persönlichkeit.

Warum? Dies ist das wichtigste der »fünf W«. Denk über die bisherigen Antworten nach, und überlege, warum dein Unbewusstes dir diesen Traum geschickt haben könnte.

Beispiel einer Traumdeutung

Um dir ein Beispiel zu geben, möchte ich einen meiner Träume deuten. Im Traum war ich Babysitter eines süßen kleinen Mädchens. Als ich mich eine Sekunde umdrehte, kletterte sie die Leiter zum Dachboden hoch und zwängte sind durch eine kleine Luke. Ich war zu groß, um ihr zu folgen. Dort saß sie nun, schaute sich Bilderbücher an und lachte fröhlich. Ich hatte Angst, weil ich für sie verantwortlich war. Sie schaute auf mich herab und sagte: »Das ist eine Zwickmühle. Du willst mich beschützen, aber du willst auch, dass ich frei bin. Du willst, dass ich fliegen kann, aber ohne dass ich mich verletze.« (Ich weiß, Kleinkinder sprechen normalerweise nicht so – aber im Traum schon!) Schließlich hielt ich es für die beste Lösung, sie in ihrem Winkel zu lassen und von der Leiter aus auf sie zu achten.

Zuerst schrieb ich alle wichtigen Symbole in diesem Traum auf und überlegte, was sie bedeuteten:

Symbole
Ich als Babysitter: Verantwortung, Fürsorge, Elternschaft
Kleinkind: jung, kreativ, inneres Kind
Luke: Höhe, Freiheit, Spaß, Unabhängigkeit
Leiter: Tor zwischen Verantwortung und Freiheit
Deutung: Anhand der Symbolliste dachte ich über meine Gefühle nach, um den Sinn des Traumes zu erfassen. Ich glaube, er handelt von meinem eigenen Reifeprozess. Als Fünfzehnjährige kämpfte ich mit meinen Widersprüchen: Ich sehnte mich sowohl nach der behüteten Unschuld der Kindheit als auch nach der Freiheit der Erwachsenen. Der Traum wollte mir sagen, dass ich meine kreative Seite (das Kind) befreien, aber auch meine Unschuld bewahren sollte. Das gelingt mir, wenn ich in der Mitte bleibe – auf der »Leiter« zwischen Abhängigkeit und Freiheit.

Häufige Teenagerträume

Wir alle haben jede Nacht unsere eigenen Träume, aber bestimmte Symbole tauchen bei vielen Menschen auf, wahrscheinlich deshalb, weil sie etwas mit allgemeinen Problemen zu tun haben. Einige Symbole kehren vor allem bei Teenagern immer wieder:

Gejagt werden: Wahrscheinlich hast du ein Problem, dem du dich nicht stellen willst. Wovor läufst du weg? Vor einem Streit mit den Eltern? Vor schlechten Noten? Dieser Traum fordert dich auf, stehen zu bleiben und deinem Problem ins Auge zu blicken; andernfalls wird es dich einholen und unangenehme Folgen haben. Wenn du vor deinen Sorgen wegläufst, werden sie größer. Wenn du ihnen gegenübertrittst, schrumpfen sie meist auf ihre wahre Größe zusammen.

Ertrinken: Irgendetwas wächst dir über den Kopf. Du fühlst dich überlastet und hilflos. Versuche den Grund herauszufinden. Kannst du nicht nein sagen, wenn jemand dich um einen Gefallen bittet? Hast du zu viel Verantwortung übernommen? Stehst du unter Druck? Träume wollen dich auf solche Probleme aufmerksam machen, damit du dein Leben ins Gleichgewicht bringen kannst.

Fliegen: Mein Lieblingstraum! Fliegen symbolisiert Freude, Optimismus, Freiheit und Selbstvertrauen. Hast du vor kurzem einen großen Erfolg gefeiert? Dieser Traum ist ein Zeichen dafür, dass du den richtigen Weg gewählt hast.

Irrgarten: Dieser Traum symbolisiert einen Abstieg ins Unbewusste. Du suchst in der Tiefe deiner Seele, was dein Bewusstsein dir verbirgt. Ein Irrgarten kann aber auch auf Verwirrung und ein Gefühl der Richtungslosigkeit hindeuten.

Masken: Wir alle sind gezwungen, unser wahres Ich zu verstecken. Wenn du im Traum eine Maske nicht abnehmen kannst, gelingt es dir im realen Leben möglicherweise nicht ganz, dein Selbst zum Ausdruck zu bringen. Wenn jemand dich zwingt, eine Maske zu tragen, hast du vielleicht das Gefühl, dass die äußere Welt von dir verlangt, deine wahren Gefühle zu verbergen.

Nacktheit: Das ist einer der häufigsten Träume. Du bist in der Öffentlichkeit nackt! Möglicherweise fühlst du dich unter den kritischen Augen anderer Leute verwundbar. Wenn du die Nacktheit allerdings genießt, willst du vielleicht deine Abwehrhaltung aufgeben oder dein wahres Ich zeigen.

Gewalt: Wenn du im Traum das Opfer einer Gewalttat bist – vor allem ein Opfer deiner eigenen Gewalt –, fühlst du dich schuldig oder möchtest für einen Fehler die Verantwortung übernehmen. Gewalt gegen andere symbolisiert oft einen Kampf zwischen dem Bewussten und dem Unbewussten oder den Wunsch, selbstsicherer zu sein.

Häufige Traumsymbole

Wenn du deine Träume nicht verstehst, können Traumsymbole dir bei der Deutung helfen. Bestimmte Dinge, Farben und Zahlen haben eine symbolische Bedeutung. Allerdings musst du selbst entscheiden, für was diese Symbole in deinem Traum stehen könnten. Die folgende Liste enthält eine Auswahl häufiger Traumsymbole:

Mond: Dieses Traumsymbol steht oft für Weiblichkeit und Gelassenheit, manchmal auch für zyklische Prozesse.

Tod: Wenn du vom Tod träumst, geht möglicherweise etwas zu Ende oder ein Neubeginn steht bevor. Der Tod im Traum kann auch auf künftigen Wandel hindeuten.

Schlüssel: Sofern die Schlüssel nicht zerbrochen oder verloren gegangen sind, bedeuten sie finanziellen, persönlichen oder gesellschaftlichen Erfolg.

Häuser: Ein Haus spiegelt oft das Ich wider und die Zimmer symbolisieren die verschiedenen Aspekte deines Ichs. Wenn du dich im Traum auf dem Dachboden befindest, erfährst du etwas über deine spirituelle Entwicklung. Der Keller steht natürlich für das Unbewusste.

Stürme: Ein Sturm kann plötzlichen Wandel, Gefühlsaufwallungen oder Verwirrung bedeuten.

Zähne: Viele Menschen träumen, dass ihnen die Zähne ausfallen. Das lässt darauf schließen, dass ihre Stimme nicht gehört wird, dass sie schüchtern sind oder über mangelnde Anerkennung klagen.

Telefon: Ein Telefon kann eine Botschaft des Unbewussten symbolisieren, die du genau unter die Lupe nehmen solltest.

Traumfarben

Rosa: Liebe
Rot: Leidenschaft, Wut, Gefahr
Schwarz: das Unbewusste, der Tod
Grau: Furcht, Verwirrung
Weiß: Frieden, Wahrheit, Reinheit, manchmal auch Tod
Grün: positive Veränderungen, Heilung, Wachstum, Erneuerung, Eifersucht

Blau: Offenheit, Spiritualität, Traurigkeit
Gelb: Frieden, Hoffnung, Intellekt, Feigheit
Braun: die Erde, Depression

Traumzahlen

Eins: Individualität, Einheit, Vollständigkeit
Zwei: Partner, Zwillinge
Drei: Dreiheit, Körper-Seele-Geist, Trilogie, Selbsterforschung
Vier: Grenzen, irdische Belange
Fünf: Wandel, Harmonie

Wiederkehrende Träume ... und Albträume

Manchmal kommt ein Bild oder Thema immer wieder in deinen Träumen vor. Das ist meist sehr bedeutsam, denn dafür gibt es einen Grund: Das Gehirn versucht, dir eine wichtige Botschaft zu schicken, und zwar so lange, bis zu zuhörst.

Wiederkehrende Träume sind oft Albträume. Sie machen natürlich keinen Spaß, aber es ist wichtig, dass du sie so genau wie möglich aufschreibst und dann zu entschlüsseln versuchst. Sobald dir die Botschaft klar ist, musst du dich um das Problem im realen Leben kümmern. Wenn du dich mit schlechten Träumen auseinander setzt, sie ernst nimmst und versuchst, sie zu verstehen, verschwinden sie schneller. Ich spiele Albträume gern in meiner Fantasie noch einmal durch und sorge für ein glückliches Ende.

Eine beruhigende Routine vor dem Schlafengehen hilft dir, Albträumen vorzubeugen. Meide koffeinhaltige Getränke und trink stattdessen warmen Kamillentee. Nimm das Abendessen möglichst früh ein und verzichte nach 21 Uhr auf Snacks. Manche Mädchen lesen vor dem Einschlafen ein gutes Buch, andere nehmen ein warmes Bad. Es ist auch hilfreich, wenn du jeden Tag zur gleichen Zeit zu Bett gehst.

Träum weiter!

Ich hoffe, dieses Kapitel hat dir gezeigt, dass Träume dir als Seelenforscherin viel zu bieten haben. Wenn du dich bemühst, sie zu verstehen, profitierst du im täglichen Leben davon. Vertraue den Botschaften deines Unbewussten, und du wirst erstaunt sein!

Was meinst DU?

Ich habe ein sehr interessantes Buch über Traumsymbole. Es hilft mir, meine Träume zu deuten. Neulich träumte ich von Mäusen, und als ich nachschlug, erfuhr ich, dass Mäuse Enttäuschung bedeuten. Genau das empfinde ich in letzter Zeit.
TANYA COLLINGS, 14 JAHRE

Ich träume immer wieder davon, durch Schnee zu gehen. Meine Eltern drücken mich in den Schnee hinein. Vermutlich ist der Traum ein Hinweis auf den starken Druck, den die Erwartungen meiner Eltern in mir auslösen. Manchmal fühle ich mich überlastet.
CAROLINE GIBSON, 16 JAHRE

Ich glaube, wiederkehrende Träume und Albträume setzen Gefühle frei, die wir im Wachzustand verdrängen. Um einen Traum deuten zu können, müssen wir das große Bild betrachten.
EMMARIE HUETTEMAN, 13 JAHRE

Lesenswerte Bücher

Das große Traumlexikon von Günter Harnisch
Das große Buch der Traumdeutung von Andreas Baumgarten
Der Traum und seine Deutung von Ernst Aeplli
Die geheime Sprache der Träume von David Fontana

7. Pflege deine wahren Leidenschaften

WAS TUST DU AM LIEBSTEN?

Stell dir vor, du gehst im Supermarkt durch die Regale und hörst ein Gespräch zwischen zwei freundlich aussehenden Menschen mit. Sie diskutieren sehr engagiert und wissen offenbar viel. Das Gesprächsthema interessiert dich so sehr, dass du nicht widerstehen kannst – du stellst dich vor und beteiligst dich an der Diskussion.

Worüber haben die beiden Fremden gesprochen? Was hat dich so fasziniert? Sprachen sie über etwas, was du seit deiner Kindheit gern tust? Oder über etwas, was du unbedingt tun willst, sobald du Zeit dazu findest? Wie dem auch sei – das Thema dieses imaginären Gesprächs ist ein Hinweis auf das, was dich wirklich begeistert, auf deine wahren Interessen oder Leidenschaften.

Die meisten Mädchen träumen davon, was sie tun würden, wenn sie über Zeit, Geld oder die nötige Willenskraft verfügten. Zur Selbsterforschung gehört, dass du diese großartigen Ideen entdeckst, deine Hemmungen abwirfst und das tust, was du wirklich willst. Wenn du tust, was du gern hast und was dich begeistert, lebst du im Einklang mit deinem Selbst. Ist es nicht herrlich, das zu tun, was du liebst? Dies ist ein Schlüssel zu deinem wahren Ich. Wir geben oft aus Angst oder Unentschlossenheit vorzeitig auf – aber das Leben ist am schönsten, wenn wir unseren Träumen folgen. Henry David Thoreau sagte: »Wenn wir zuversichtlich die Richtung einschlagen, die unsere Träume uns weisen, und das Leben führen, von dem wir träumen, ist uns ein Erfolg beschieden, mit dem wir in gewöhnlichen Stunden nie und nimmer rechnen.«

Melissa, eine Gastlehrerin an meiner Schule, ist ein inspirierender Mensch. Schon als Teenager ging sie ganz in ihrem Interesse für Biologie auf. Besonders fasziniert war sie von den Primaten. Anstatt in ihrem Zimmer zu sitzen und über Affen nachzudenken, rief sie den Zoo an und bewarb sich als freiwillige Helferin. Nachdem sie ein Jahr im Zoo gearbeitet hatte, traf sie einen Forscher, der zu ihrem Mentor wurde. So wurde ihr Traum wahr und sie ging in den Regenwald, um das Verhalten von Affen zu studieren. Heute ist sie Wissenschaftlerin und liebt ihre Arbeit. Wie sähe ihr Leben aus, wenn sie den ersten Schritt nicht getan und ihren großen Traum aufgegeben hätte?

Leidenschaften ohne Ende

Jede Leidenschaft ist einzigartig. Melissa ist fasziniert von Affen, und mein Bruder sammelt gern Briefmarken. Deine Leidenschaften sind vielleicht sonderbar oder auch ganz gewöhnlich. Das ist unwichtig, solange du davon fasziniert bist und Freude daran hast. Ich war schon immer vom Schreiben begeistert. Mein Regal ist mit Büchern über dieses Thema gefüllt. Ich besuche Lesungen, wann immer ich Zeit habe, und jeden Tag versinke ich in den Seiten meines Tagebuches. Aber viele Menschen können nicht genau sagen, was sie wirklich interessiert – oder sie haben zu viele Interessen. Und leider finden einige Leute

Pflege deine wahren Leidenschaften

nie heraus, was sie begeistert. Ich hoffe, du gehörst nicht zu ihnen!

Natürlich gibt es auch zahlreiche Möglichkeiten, seinen Leidenschaften zu frönen. Man kann daraus sogar einen Beruf machen. Selbst wenn deine Leidenschaft nicht deine Zukunft bestimmt, kann sie dir große Freude bereiten. Ich kenne zum Beispiel eine Frau, die als Kind Sängerin werden wollte. Doch als sie älter wurde, änderte sich ihr Hauptziel, und sie fand einen Beruf, den sie noch mehr liebte als die Musik. Trotzdem hat sie ihren Traum nie vergessen und singt heute noch bei jeder Gelegenheit, die sich ihr bietet. Auch an ihrem Hochzeitstag sorgte sie damit für eine große Überraschung – sie durfte sein, was sie als kleines Mädchen werden wollte: ein Popstar! Man kann nie wissen, wie Träume sich erfüllen.

Also, was sind deine Leidenschaften? Was tust du am liebsten? Welche Berufe faszinieren dich? Welche Probleme in der Welt möchtest du lösen helfen? Nimm dir ein paar Minuten Zeit, und schreib deine Ideen auf. Mach dir keine Sorgen, wenn es dir schwer fällt. Manche Menschen kennen ihre Leidenschaft, andere brauchen Zeit und Geduld, um sie zu entdecken. Aber vielleicht gibt es ja vieles, was dich begeistert. Diese Liste ist nicht auf ein einziges Thema beschränkt!

Was ist Intelligenz?

Behalte deine Fähigkeiten im Auge, während du über deine Leidenschaften nachdenkst. Talent und Leidenschaft decken sich zwar nicht immer, aber meist genießen wir das, was wir gut können. Leider lernen manche Kinder in der Schule, dass sie dumm oder unbegabt sind. Aber es gibt viele Arten von Intelligenz. Wissenschaftler haben bisher sieben identifiziert; dennoch werden wir in der Schule nur auf zwei oder drei getestet! Das menschliche Gehirn kann eine enorme Menge Wissen speichern, und Intelligenz kann sich in künstlerischen Fähigkeiten, in der Kommunikation, im Argumentieren oder in guter Koordination ausdrücken. *Alle* diese Arten von Intelligenz sind wertvoll und in irgendeinem Beruf nützlich. Howard Gardner, der Autor von *Abschied vom IQ. Die Rahmentheorie der vielen Intelligenzen*, unterscheidet sieben Hauptarten der Intelligenz:

- Die *sprachliche Intelligenz* ist die Fähigkeit, zu schreiben, zu sprechen und zuzuhören. Schriftsteller, Redner und Politiker nutzen diese Intelligenz in ihrem Beruf.

- *Musikalische Intelligenz* haben Menschen, denen »der Rhythmus im Blut liegt«, die singen, ein Instrument spielen, komponieren oder tanzen können.

- Die *logisch-mathematische Intelligenz* macht den Umgang mit Zahlen und Mengen leicht. Auch die analytischen Fähigkeiten der Wissenschaftler und Mathematiker gehören dazu.

- Wer über *räumliche Intelligenz* verfügt, ist visuell begabt, kann sich komplexe Gegenstände vorstellen, im Geist drehen und aus verschiedenen Blickwinkeln betrachten. Künstler, Ingenieure und Schachspieler sind mit dieser Intelligenz gesegnet.

Die *körperlich-kinästhetische Intelligenz* ermöglicht komplexe Bewegungen. Dazu gehören Schnelligkeit, die Koordination zwischen Hand und Auge, Flexibilität und vieles mehr. Sportler, Tänzer und Pantomimen nutzen diese Intelligenz.

Interpersonale Intelligenz nennt man die Fähigkeit, mit anderen zu kommunizieren und ihre Wünsche und Bedürfnisse zu verstehen. Psychologen und Lehrer brauchen dies für ihren Beruf.

Die *intrapersonale Intelligenz* ermöglicht es dem Menschen, sich selbst zu verstehen. Wenn du diese Intelligenz besitzt, kennst du deine Gefühle, aber auch die Gefühle anderer Menschen genau. Religiöse Führer und Politiker sind in dieser Hinsicht begabt.

Nach Howard Gardner besitzen alle Menschen sämtliche Arten von Intelligenz, jedoch in unterschiedlichem Ausmaß. Wenn wir unsere Talente kennen, sind wir in der Lage, sie weiterzuentwickeln und zu nutzen. Am besten gibst du jeder deiner Begabungen ab und zu Gelegenheit zu glänzen! Sobald du weißt, worin du besonders geschickt bist, kannst du dich spezialisieren und erfolgreich werden.

Leidenschaften brauchen Nahrung

Leidenschaften gleichen Pflanzen: Wir müssen sie gießen und ihnen günstige Umweltbedingungen geben, damit sie gedeihen. Wie kannst du deine Leidenschaft hegen und pflegen?

- Umgib dich mit einem Freundeskreis, der deine Ziele unterstützt.
- Schließ dich einer Gruppe oder einem Verein an und pflege deine Leidenschaft mit Gleichgesinnten.

- Such dir ein Vorbild, das deine Leidenschaft teilt.
- Lies Bücher und schau dir Filme an.
- Übe fleißig!

Die folgenden Tipps helfen dir, einige der häufigeren Talente weiterzuentwickeln:

Kunst: Wenn du Kunstliebhaberin bist, kannst du Museen und Ausstellungen besuchen und Kurse an deiner Schule oder an der Volkshochschule belegen. Beschäftige dich mit den einzelnen Künsten: Zeichnen, Malen, Bildhauerei, Fotografie und so weiter. Vernachlässige auch nicht ungewöhnliche und interessante Kunstformen wie Druckgrafik oder Plastiken aus Sperrmüll. Wenn du eine Künstlerin oder einen Künstler persönlich kennst, kannst du sie vielleicht in ihrem Atelier besuchen und sie bei der Arbeit beobachten.

Natur: Liebst du Tiere? Die freie Natur? Dann schließ dich einer Umweltgruppe an oder arbeite ehrenamtlich im Zoo oder beim Tierschutzverein. Dort wird deine Hilfe dringend gebraucht und du lernst eine Menge über Tiere, Umweltprobleme und mögliche Berufe.

Musik: Es gibt viele Wege zur Musik. Du kannst Musik hören oder selbst spielen. Du kannst singen oder Konzerte besuchen. Bemühe dich, die Musik auf viele Arten zu erleben. Wühle in den alten Platten deines Vaters oder kauf dir CDs aus der Abteilung »Worldmusic« des Musikladens. Lausche auch der Musik des Alltags: dem Geräusch des Regens auf dem Dach, dem Vogelgezwitscher am Morgen, dem Gurren deiner kleinen Schwester. Wenn du gern auftrittst, engagiert dich vielleicht ein Lokal, oder du gründest mit ein paar Freundinnen eine Band.

Wissenschaft: Nimm an Arbeitsgemeinschaften in deiner Schule und an Talentwettbewerben wie »Jugend forscht« teil. Bitte deine Lieblingslehrerin, dich dabei zu unterstützen. Arbeite in den Ferien in Labors, Krankenhäusern und so weiter.

Sport: Setz dir sportliche Ziele. Einfache, realistische Ziele ermuntern dich, härter zu trainieren und neue Höhen zu erreichen. Erkundige dich über eine Sportlerin, die du bewunderst, und verfolge ihre Karriere. Besuche Sportveranstaltungen mit der Familie und mit Freundinnen oder organisiere »Familienspiele«. Auch Bücher und Videos aus der Bibliothek können dich inspirieren. Aber keiner dieser Tipps kann das gute alte Training ersetzen!

Schreiben: Wenn du gern schreibst, solltest du Erfahrungen mit verschiedenen Genres sammeln. Lies möglichst viele unterschiedliche Bücher. Notiere dir bemerkenswerte Sätze und Ideen für Geschichten. Und vor allem: Setz dich hin und schreib mindestens einmal in der Woche! Wenn du ein Gedicht, eine Kurzgeschichte oder etwas anderes beendet hast, zeig dein Werk einer Freundin oder einer Erwachsenen, die bereit ist, es zu lesen und zu beurteilen. Sei nicht beleidigt, wenn sie konstruktive Kritik übt – alle Autoren können dadurch nur besser werden. Wenn du eines Tages etwas veröffentlichst, musst du ohnehin mit Lektoren arbeiten; deshalb ist es am besten, wenn du dich jetzt schon daran gewöhnst.

Ungewöhnliche Interessen

Wenn andere junge Leute deine Interessen nicht teilen, kommst du dir vielleicht etwas einsam vor. Ich kenne einen Jungen, der professioneller Stepptänzer ist. Er ist sehr erfolgreich, aber neidische Leute ziehen ihn manchmal damit auf oder machen Witze über ihn. Allerdings lässt er sich davon nicht beeindrucken, denn er weiß, dass er seinem Herzen folgt. Doch selbst wenn du ungewöhnliche Interessen hast, findest du wahrscheinlich Gleichgesinnte. Such nach Internet-Chatrooms, Fachzeitschriften oder Mitteilungsblättern. Wenn du Lust hast, andere Leute zu inspirieren, kannst du an der Schule ein Seminar halten oder einen Club gründen.

Mehr Spaß in der Gruppe

In Clubs oder Interessengruppen findest du Leute, die deine Leidenschaft teilen. Das ist besonders wichtig, wenn deine Freundinnen und Angehörigen andere Interessen haben. Es ist schön zu wissen, dass andere Leute ebenso gern Eulen beobachten wie du! Außerdem kannst du vom Rat und von der Erfahrung Gleichgesinnter profitieren. In einer Gruppe kannst du Ideen austauschen; sie gibt dir einen neuen Schub und inspiriert dich.

Aber wie findest du die richtige Gruppe? Fang an deiner Schule an. Kannst du dich einer Gruppe anschließen? Wenn nicht, erkundige dich in Geschäften, die auf dein Interessengebiet spezialisiert sind. In einem Musikgeschäft erfährst du vielleicht, ob es in deiner Nähe Gitarrengruppen gibt, und im Internet findest du eine Menge Newsgroups (sogar eine für Leute, die Sand sammeln). Wenn du einen Kurs an der Volkshochschule besuchst, kannst du dich bei den anderen Teilnehmern erkundigen, ob sie einen Club oder eine Interessengruppe kennen. Und wenn alle Stricke reißen, gründest du eben deine eigene! Das ist nicht so schwer, wie es klingt!

Deine eigene Gruppe

Wenn du eine Interessengruppe gründen willst, musst du zunächst dafür werben. Vielleicht machen drei oder vier Freundinnen mit oder du suchst an der Schule, in deiner Stadt oder im ganzen Land nach Mitgliedern. Du kannst auch Flugblätter verteilen und Freundinnen bitten, mögliche Interessenten anzusprechen. Eine weitere gute Möglichkeit ist ein Plakat, auf dem Interessierte ihre Anschrift, Telefonnummer und E-Mail-Adresse hinterlassen können.

Sobald du ein paar Leute gefunden hast, suchst du eine günstige Zeit und einen geeigneten Ort für das erste Treffen. Dort erläuterst du deine Vorstellungen und Ziele. Eine Satzung ist oft sinnvoll, weil sie den Mitgliedern vor Augen führt, worum es der Gruppe geht. Das kann entscheidend für den Erfolg sein. Wenn die Gruppe groß genug ist, kann sie eine Vorsitzende, eine Stellvertreterin und eine Schriftführerin wählen. Überlege dir auch, ob ihr Geld benötigt, um eure Aktivitäten finanzieren zu können. Wenn ja, braucht ihr vielleicht eine Schatzmeisterin oder Kassiererin, die die Finanzen verwaltet und darüber nachdenkt, wie sich Geld beschaffen lässt (zum Beispiel durch Sponsoren, Veranstaltungen oder Verkauf von Artikeln). Am Ende des Treffens sollten die Pläne für die Zukunft, zumindest aber die nächste Tagesordnung feststehen. Wenn die Mitglieder begeistert und engagiert sind, könnt ihr eine Menge Spaß zusammen haben und eure Träume erfüllen.

Eine Gruppe kann die Welt verändern

Das glaubst du nicht? Trotzdem ist es wahr. Große, angesehene Gruppen wie Amnesty International haben zwar viele Mitglieder und politischen Einfluss, aber sie sind nicht die einzigen, die etwas in der Welt bewirken können. Aus einer kleinen Gruppe kann eine mächtige Organisation werden. Viele Jugendliche haben mit ihrer Gruppe Großes geleistet. In der amerikanischen Stadt Somerville, Massachusetts, schlossen sich acht Jugendliche mit dem Direktor eines Fernsehsenders zusammen und gründeten das »Mirror-Project« (»Spiegel-Projekt«). Die jungen Leute erforschten ihre Umgebung in der Stadt mit Videokameras und machten Filme, die ein faszinierendes Bild von ihrem Leben zeichneten. Für diesen Film erhielten sie mehrere Preise – und ihre Arbeit veranlasste das Ministerium für Wohnungsbau und Städteplanung, ein Programm zur Unterstützung von Gemeindezentren fortzusetzen!

Eine Gruppe namens »The Clean and Green Club« unterstützt Kinder und Jugendliche beim Kampf gegen Umweltverschmutzung und klärt sie über Umweltprobleme auf. Die Gruppe nutzt das Internet und gibt ein monatliches Mitteilungsblatt heraus. Die Gründerin war ein zehnjähriges Mädchen. Heute liefert diese Gruppe eine Menge Ideen, die uns helfen, für Mutter Erde zu sorgen. Dank ihrer Webseite haben sich mehr als 15 000 Kinder und Jugendliche zusammengetan, um unsere Umwelt zu schützen!

Die Planung

Überleg dir zunächst, was du in den kommenden Monaten tun kannst, um deine Leidenschaften ausleben zu können. Nimm dir drei konkrete Maßnahmen vor:

1. _____
_____
_____

2. _____
   _____
   _____

3. _____
   _____
   _____

Bleib vielseitig!

Noch etwas ist wichtig, wenn es um Leidenschaften geht: Lass dich davon nicht einengen! Wenn du gern Puppen sammelst oder Tontauben schießt, so bedeutet das nicht, dass du den Rest deines Lebens damit verbringen musst. Unsere Interessen ändern sich mit der Zeit, und wir müssen nicht ein Leben lang dieselben Vorlieben hegen. Denk also gelegentlich über deine Interessen nach und setz dir neue Ziele. Schreib darüber in deinem Tagebuch und halte auch neue Interessen fest. Unsere Welt bietet dir unendlich viele Möglichkeiten!

Lesenswerte Bücher

Enterprise. Ein Logbuch für Jungunternehmer von Daryl Bernstein
Abschied vom IQ. Die Rahmentheorie der vielen Intelligenzen von Howard Gardner
Der Weg des Schreibens von Nathalie Goldberg

8. Sorge für gutes Karma

ANDEREN UND SICH SELBST HELFEN

Von 1953 bis zu ihrem Tod im Jahr 1981 verbreitete eine Frau, die als Friedenspilgerin bekannt war, in ganz Amerika Liebe. Trotz ihrer grauen Haare und ihrer Falten wanderte sie auch in den letzten Jahren ihres Lebens durch das Land und warb für Mitgefühl und Ausdauer. Diese Frau hat unserer Generation eine Menge zu sagen. Einmal schrieb sie: »Wir sind die Zellen des Körpers, den wir Menschheit nennen. Jeder Mensch kann einen Beitrag leisten, und wir alle wissen im Innersten, welcher Beitrag das ist.«

Hast du schon deinen Beitrag geleistet? Bist du dazu bereit? Der Dienst am Nächsten ist ein wichtiger Bestandteil der Selbsterforschung. Wenn wir anderen helfen, entdecken wir gleichzeitig unser wahres Selbst. Mit jedem freundlichen Wort und jeder guten Tat tun wir ebenso viel für uns wie für andere. Wir erfahren unsere innere Kraft, und wir erkennen, wie viel ein einziges Mädchen für die Welt tun kann. Das stärkt unser Selbstvertrauen und unseren Glauben an den Sinn des Lebens. Die Friedenspilgerin rät uns: »Niemand findet inneren Frieden, außer durch Arbeit – aber nur durch Arbeit für die ganze Menschheitsfamilie.«

Das Gesetz des Karma

Um zu verstehen, wie wichtig gemeinnützige Arbeit ist, solltest du dir einen Grundsatz der östlichen Philosophie näher ansehen: das *Karma*. Das Wort bedeutet »Werk« oder »Tat«, hat aber zahlreiche Nebenbedeutungen. Das Gesetz des Karma gleicht dem Gesetz von Ursache und Wirkung: Wir ernten, was wir säen. Gute Taten wirken sich positiv auf alle Lebensbereiche aus, schlechte Taten schaden unserer Seele.

Das Gesetz des Karma ermutigt uns, selbstlos Zeit und Kraft für Menschen, Tiere, Pflanzen oder die Umwelt zu widmen. Wir müssen unser Ich für eine Weile vergessen und uns dem Wohl des Ganzen unterordnen. Nach einem Tag im Obdachlosenheim findest du es wahrscheinlich nicht mehr so schrecklich, wenn der Typ, für den du schwärmst, dich beim Bohren in der Nase ertappt. Das Gesetz des Karma rückt vieles zurecht und zeigt uns die Welt aus dem richtigen Blickwinkel. Aber es erlaubt uns auch, ein klein wenig egoistisch zu sein – denn es verspricht ja, dass wir uns wohler fühlen und dass es uns besser geht, wenn wir Gutes tun. Selbst Mahatma Gandhi gab zu, er habe den Armen vor allem deshalb geholfen, »um mir selbst zu dienen und durch die Hilfe für andere mich selbst zu verwirklichen«.

Natürlich sollte unser Motiv so edel wie möglich sein, wenn wir uns für andere einsetzen. Es ist einfach, Gutes zu tun, wenn man dafür belohnt, gelobt und anerkannt wird. Manche Jugendliche arbeiten nur deshalb ehrenamtlich, weil sie ihr Image verbessern wollen und hoffen, dass es im Lebenslauf auf einen zukünftigen Arbeitgeber Eindruck machen wird. Ein freiwilliger Einsatz dieser Art ist zwar besser als nichts, aber der Lohn ist nicht so hoch, wie er sein könnte. Wenn die gemeinnützige Arbeit ein fester Bestandteil unserer Selbsterforschung sein soll, müssen wir den Egoismus hinter uns lassen und unser Herz sprechen lassen.

Karma in der Natur

Besonders gute Beispiele für das Gesetz des Karma finden wir in der Natur. Die beiden großen Seen Israels mögen das verdeutlichen. Der See Genezareth ist reich mit Fischen gesegnet und von üppiger Vegetation umgeben. Im Gegensatz dazu kann im Toten Meer und in seiner Umgebung kein Leben existieren, weil das Wasser zu salzig ist. Obwohl diese beiden Seen gesundes Wasser aus derselben Quelle erhalten, sind die Unterschiede zwischen ihnen erstaunlich.

Woran liegt das? Wie der Autor Bruce Barton erklärt, nimmt der See Genezareth zwar das Wasser des Jordans auf, lässt aber auch Wasser abfließen – er gibt und nimmt gleichermaßen. Das Tote Meer nimmt dagegen nur Wasser auf, ohne etwas herzugeben. Weil es alles behält, was es bekommt, vergiftet es sich selbst.

Ist dir schon aufgefallen, dass das Karma in unserem Leben ebenso wirkt? Je mehr wir an uns selbst denken, desto weniger Nutzen haben wir. Das ist nicht immer so, aber oft. Wir glauben, Egoismus zahle sich aus; doch dabei vergessen wir, dass wir umso mehr bekommen, je mehr wir geben. Da die Selbsterforschung ein tief reichender innerer Vorgang ist, müssen wir uns immer wieder daran erinnern, dass der Dienst am Nächsten ein wesentlicher Bestandteil unserer Reise nach innen ist.

Ein guter Anfang

Du brauchst der Nächstenliebe nicht dein ganzes Leben zu widmen, um etwas zu bewirken. Du musst auch nicht die nächste Mutter Teresa werden. Wenn du gemeinnützige Arbeit leisten willst, ist es am besten, klein anzufangen. Dazu gibt es im täglichen Leben ausreichend Gelegenheit. Du kannst zum Beispiel auf dem Heimweg nach der Schule Abfall aufsammeln oder fremde Leute anlächeln, an denen du vorbeigehst. Solche Kleinigkeiten heben die Stimmung und bereiten dich auf größere Taten vor.

Die echte Herausforderung kommt, wenn du einen Schritt weiter gehen willst. Je mehr dir eine gute Sache am Herzen liegt, desto leichter ist es, am Ball zu bleiben. Das fällt den meisten Mädchen schwer. Vielleicht hast auch du schon geklagt: »Ich möchte gern etwas tun – aber mir fällt nichts ein!« Jetzt ist es an der Zeit, das zu ändern.

Die Liste der vielen möglichen Leidenschaften aus Kapitel 7 kann dir nützliche Anregungen geben. Lies sie durch und erstelle dann eine neue Liste: deine ideale Welt.

Deine ideale Welt

Wenn du herausfinden willst, wie du der Welt helfen kannst, stellst du dir einfach deine ideale Welt vor. Beachte dabei folgende Fragen:

- Wie unterscheidet sich meine ideale Welt von der realen?
- Wie gehen die Menschen miteinander um?
- Wie gehe ich mit anderen um?
- Wie sieht meine Umgebung aus?
- Welche Veränderungen sind am auffälligsten?

Wenn du deine ideale Welt beschrieben hast, pickst du ein Anliegen heraus, das dich besonders anspricht. Was könntest du auf diesem Gebiet sofort und langfristig leisten? Je größer deine Begeisterung ist, desto besser. Es ist egal, ob deine Idee klein oder groß ist; denn gute Taten gibt es in jeder Größe. Jede Tat gleicht einem Kieselstein, den du in einen Teich wirfst, so dass Wellen sich endlos in alle Richtungen ausbreiten. Es gibt drei Arten von »Teichen«, und alle sind gleich wichtig:

Die Familie: Der Dienst am Nächsten beginnt zu Hause, also dort, wo wir gelernt haben, unsere Spielsachen mit anderen zu teilen und uns gütlich über das Fernsehprogramm zu einigen. Vom Aufwachen bis zum Schlafengehen treffen wir Hunderte von Entscheidungen, die Einfluss darauf haben, wie wir miteinander umgehen. Hörst du aufmerksam zu, wenn dein kleiner Bruder dir von seinem Tag erzählt? Deckst du den Tisch, wenn du siehst, dass deine Mutter müde ist?

Bring den Geist der Nächstenliebe in dein Heim und nutze die vielen Möglichkeiten, die sich jeden Tag bieten. Tu etwas Nettes für die ganze Familie, ohne eine Belohnung zu erwarten. Biete eine Schultermassage an, schreib ein Gedicht oder spüle das Geschirr, ohne dass jemand dich jemand darum bittet. Betrachte dein Zuhause als Labor, in dem du Rezepte der Liebe und der Hilfsbereitschaft testest. Buddha sagte einmal: »Dein Haus ist dein Tempel, wenn du es wie einen Tempel behandelst.«

Die Gemeinde: Als Seelenforscherinnen sind wir verpflichtet, denen zu danken, die uns ausbilden, beherbergen und gut beschützt heranwachsen lassen. Entwickle deinen Sinn für das Ganze und du fühlst dich dein Leben lang geborgen. Viele von uns verzichten auf diesen Lohn, weil sie kaum auf ihre Umgebung achten. Hilfsbedürftige gibt es überall – aber wir sehen sie nur, wenn wir die Augen öffnen.

Braucht deine Schule Leute, die beim Bau eines Spielplatzes für die Kleinen helfen? Braucht deine alte Nachbarin jemanden, der den Rasen mäht oder Schnee schaufelt? »Die Gemeinschaft wird

Wahre Geschichten über engagierte Teenager

Wahrscheinlich kennst du die üblichen abfälligen Bemerkungen über »die Jugend von heute«. Aber auch junge Menschen haben immer wieder Beachtliches geleistet. Hier sind einige Geschichten von Mädchen, die den Entschluss gefasst haben, die Welt zu verändern:

Kory Johnson
Als Kory neun Jahre alt war, starb ihre ältere Schwester. Sie forschte nach und erfuhr, dass sich in ihrer Gegend die Krebsfälle häuften. Das resolute junge Mädchen gründete die Bewegung »Children for a Safe Environment« (CSE; »Kinder für eine sichere Umwelt«), die junge Menschen ermutigt, sich gegen Umweltrisiken zu wehren. Heute hat die Gruppe über 300 Mitglieder, und sie hat mehrere Schlachten gegen korrupte Firmen gewonnen, die gefährlichen Müll in Armenvierteln »entsorgen« wollten. 1998 wurde Kory mit dem Goldman-Preis für Umweltschutz ausgezeichnet, der mit 125 000 Dollar dotiert war. 1999 nahm eine Frauenvereinigung sie in die Liste der zehn größten Vorbilder des Jahres auf.

Jennifer Fletcher
Viele Schulen in Jennifers Stadt mussten den Kunst-, Musik-, Theater- und Tanzunterricht wegen Geldmangel streichen. Das Mädchen war entrüstet und beschloss, ein Benefizkonzert zu veranstalten, um Geld für die Schulen zu sammeln. Ganz allein überredete sie den Rockstar Jackson Browne zu einem Auftritt – und sammelte 100 000 Dollar. Dann gründete sie »ARTS ALIVE!« (»Die Kunst lebt!«), eine gemeinnützige Studentengruppe, die das Geld an die bedürftigsten Schulen verteilte. 1999 erhielt Jennifer einen Preis für gemeinnützige Arbeit, der ihr ein Stipendium im Wert von 10 000 Dollar, weitere 10 000 Dollar für ihre Gruppe und ein Essen mit der damaligen Präsidentengattin Hillary Clinton einbrachte.

Carla Derrick und Leslie Wilson

Diese beiden Freundinnen ließen sich von persönlichem Leid nicht entmutigen, weil sie anderen helfen wollten. Beide waren an Krebs erkrankt. Carla verlor ein Auge, Leslie einen Lungenflügel und ein Bein. Zusammen produzierten sie ein Video für Kinder, bei denen Krebs diagnostiziert wurde. Dieses Video mit dem Titel »Du wirst damit fertig!« beantwortet Fragen und hat bereits Hunderten von Kindern geholfen, eine schwere Zeit durchzustehen. »Der Krebs hat mein Leben verändert«, sagt Carla. »Schlimmeres hatte ich nie zuvor erlebt, aber ich habe durchgehalten und jetzt fürchte ich mich vor nichts mehr.«

Nicole McLaren

Nicole lebt in Jamaika. Dort sind die Kinder kaum über die Ereignisse in der großen Welt informiert und fühlen sich hilflos angesichts der globalen Probleme. Darum gründete Nicole www.nation1.com, eine Internetseite für junge Leute, die über die Probleme der Welt diskutieren wollen. Auf diese Weise erfahren die Jugendlichen, wie sie sich an regionalen und globalen Projekten beteiligen können. Außerdem sammelt Nicole per Internet Geld für ihre eigenen Projekte und versorgt Kinder mit Nachrichten über Gleichaltrige in anderen Ländern. Unternehmen wir Swatch, Compaq, Apple, Motorola und die UNESCO unterstützen Nicole finanziell. Derzeit versucht sie, 400 junge Menschen als Repräsentanten zu gewinnen. Sie sollen die Vollversammlung der Vereinten Nationen auf die Probleme von Kindern und Jugendlichen aufmerksam machen.

Kristen Belanger

Als Kristen neun Jahre alt war, las sie in einer Zeitschrift, die Greenpeace herausgibt, über die Vernichtung der Regenwälder und beschloss sofort, etwas dagegen zu tun. Zusammen mit ihrer Freundin Mary führte sie einen »Tag des Regenwaldes« an ihrer Grundschule ein. Gemeinsam mit ihrer Klasse sammelten die beiden über 700 Dollar für ihr Anliegen. Aber das genügte Kristen nicht. Sie hat schon über tausend Kilo Kleider gesammelt und an Arme verteilt. Sie hat wirklich Grund zur Freude, denn sie »bekam die Chance, das Leben vieler Menschen zu ändern und die Welt ein wenig besser zu machen«.

geschaffen und erneuert, wenn jeder Einzelne liebevoll handelt und anderen dient«, schreiben die beiden amerikanischen Autoren Frederic und Mary Ann Brussat. Wir müssen immer für unsere Nachbarschaft, unsere Schule und unsere (Kirchen-)Gemeinde da sein, weil wir in der Gemeinschaft einen Teil unseres Ichs finden.

Der Weltteich: Die Welt ein Teich? Das hört sich sonderbar an – aber alles, was wir tun, beeinflusst die ganze Welt. Dank der modernen Technik, zum Beispiel des Internets, wird der Globus immer kleiner, und unsere Chancen, etwas zu ändern, werden immer größer. Denk darüber nach, welchen Beitrag du leisten kannst. Gemeinnützige Arbeit ist eine von vielen Möglichkeiten.

Wie rettest du die Welt am besten? Lass dich nicht entmutigen, wenn du kühne Ideen hast. Gründe eine Gruppe, wie in Kapitel 7 beschrieben. Organisiere Hilfe für die Opfer von Überschwemmungen, Erdbeben oder Hungersnöten. Denk an die hungernden Kinder in Afrika ebenso wie an die Frauen, die überall auf der Welt Diskriminierung und Gewalt ausgesetzt sind. Setz dich für Organisationen ein, die Sexismus, Rassismus, Hunger und andere Missstände auf der Welt bekämpfen. Als Bürgerinnen der Erde sind wir dafür mit verantwortlich.

Noch mehr Ideen

Wenn du immer noch Anregungen suchst, findest du hier einige zusätzliche Ideen. Frage auch Eltern, Lehrer und Freundinnen um Rat.

Wenn du noch nicht recycelst, fang damit an. Informiere dich darüber, welche Materialien in den Gelben Sack gehören, damit man sie wiederverwerten kann. Leg – wenn möglich – einen

Komposthaufen an, um aus Küchen- und Gartenabfällen wertvollen Dünger zu machen.

Verschönere deine Umgebung. Organisiere einen Großputz in deiner Gemeinde. Sammle an einem Samstag Freunde, Nachbarn, Schulkameraden und Angehörige um dich. Teilt euch in Zweiergruppen und säubert ein bestimmtes Gebiet vom herumliegenden Müll. Wenn ihr fertig seid, bestaunt ihr die vollen Säcke und freut euch über den Erfolg.

Werde politisch aktiv. Schreib an Landtags- und Bundestagsabgeordnete und informiere sie über die Probleme und Anliegen von Kindern und Jugendlichen. Wer sonst erhebt seine Stimme für uns? Kandidiere für die Schülermitverwaltung, damit du auch an deiner Schule Positives bewirken kannst.

Arbeite für gemeinnützige Gruppen. Erkundige dich, welche gemeinnützigen Gruppen und Organisationen es in deiner Nähe gibt. Das Deutsche Rote Kreuz, Amnesty International, Terre des Hommes und viele andere sind dringend auf Mitarbeiter angewiesen. Krankenhäuser, Obdachlosenheime, Suppenküchen, literarische Zirkel, Umweltgruppen und Kindertagesstätten brauchen ebenfalls Hilfe.

»Adoptiere« einen alten Menschen. Manche Altersheime stellen Kontakte zwischen Senioren und Jugendlichen mit gemeinsamen Interessen her (andere warten noch darauf, dass du sie auf diese gute Idee bringst!). Wenn du deine neue »Oma« besuchst oder ihr Briefe schreibst, machst du ihr eine Freude und gewinnst eine Freundin, die älter und klüger ist als viele andere, die du kennst.

Hilf Bedürftigen an Feiertagen. Wenn du auch der Meinung bist, dass unsere Feiertage zu einer bloßen Fress- und Geschenkorgie geworden sind, kannst du ihnen ihren tieferen Sinn zurückgeben, zum Beispiel indem du armen Familien einen Korb mit Lebensmitteln, Kinderkleidung oder Spielsachen bringst oder kranke Kinder besuchst und ihnen kleine Geschenke machst.

Arbeit im Ausland. Während deine Freundinnen am Strand liegen, kannst du gemeinnützige Arbeit im Ausland leisten. Dadurch kannst du neue Länder und Städte, aber auch andere Menschen und Kulturen kennen lernen und gleichzeitig die Welt ein wenig besser machen. Über solche Programme kannst du dich im Internet sowie bei Kirchen und anderen international tätigen Organisationen erkundigen.

Ich verbrachte einmal einen Sommer in einem kubanischen Gemeindezentrum. Anfangs konnte ich die Hitze, das Ungeziefer, die kaputten Matratzen und das fremde Essen kaum ertragen. Aber ich lernte dabei, wie viel ich ohne den Beistand von Angehörigen oder Freundinnen leisten konnte. Ich schloss viele neue Freundschaften, half bei der Sanierung einer lange vernachlässigten Bibliothek und bewies mir selbst, dass ich einiges aushalte. Wenn du in den Ferien im Ausland Häuser baust, in einem Krankenhaus arbeitest oder andere Dienste leistest, lernst du mehr über dich und über andere Länder.

Schließ dich einer Umweltgruppe an. Gruppen wie der BUND oder Greenpeace zeigen dir gern, was du mit kleinen und großen Aktionen für unsere Welt tun kannst. Viele Teenager wollen sich enger mit Mutter Erde verbinden und sie schützen. Das ist ein sehr wichtiger Teil der Selbsterforschung.

Kämpfe gegen den Hunger in der Welt. Laut UNICEF müssen mehr als 600 Millionen Kinder auf der Welt jeden Tag hungern. Es gibt viele Möglichkeiten, gegen den Hunger zu kämpfen, vor allem wenn du bereit bist, dich über dieses Problem zu informieren. Lies so viel wie möglich und unterstütze Organisationen wie UNICEF oder die Welthungerhilfe. Werde aktiv! Sammle Geld, schreib Artikel für die Schülerzeitung oder für die Lokalzeitung, organisiere Informationsveranstaltungen an deiner Schule. Versuche, einen Tag lang zu fasten. Bemühe dich, das Leid der hungernden Menschen zu verstehen. Nimm sie in dein Herz auf. Es ist bei allen gemeinnützigen Aktivitäten wichtig, dass du dich in die Lage anderer Menschen versetzt. Nur wenn du ein starkes Mitgefühl empfindest, bist du bereit, die Welt zu ändern. Fang gleich damit an!

Tage der gemeinnützigen Arbeit

Millionen von Menschen in ganz Amerika (und in anderen Ländern) versammeln sich mehrere Male im Jahr, um gemeinsam etwas für das Wohl der Menschheit zu tun. Diese Einsatzbereitschaft sollte uns ein Vorbild sein.

22. April: Der Tag der Erde

An diesem Tag nehmen die Amerikaner sich Zeit, um einen Baum zu pflanzen, die Straße zu säubern, Energie zu sparen und sich mehr um Mutter Erde zu kümmern. Was kannst *du* tun?

3. Dienstag im April: Der Tag der jungen Helfer

Im Jahr 1997 arbeiteten über zwei Millionen junge Leute in den USA rund zehn Millionen Stunden freiwillig für gemeinnützige Anliegen. Das ist die größte Aktion dieser Art auf der Welt, und sie wurde von einer Jugendgruppe eingeführt. Mehr darüber erfährst du unter www.servenet.org im Internet.

4. Samstag im Oktober: »Auch du kannst etwas bewirken!«

Diesen Tag hat die »Points of Light Foundation« (»Stiftung Lichtpunkte«) zusammen mit der Zeitschrift *USA Weekend* angeregt. Er erinnert alle Amerikaner daran, dass jeder Einzelne etwas Positives bewirken kann, wenn er Zeit und Kraft opfert.

Tipps für die erfolgreiche gemeinnützige Arbeit

Freiwillige Arbeit ist nicht immer leicht. Manchmal musst du sehr früh aufstehen oder auf deine Freizeit verzichten. Und selbst wenn du dir große Mühe gibst, erfüllen sich deine Erwartungen nicht immer. Es kommt sogar vor, dass Menschen wütend reagieren, wenn du ihnen helfen willst, oder dass sie sich beschämt fühlen. Sei also auf Ablehnung, harte Tage und Opfer vorbereitet. Langfristig wirst du über deine Arbeit froh sein, das verspreche ich dir.

- Sei flexibel und aufgeschlossen. Bleib spontan. Wenn etwas nicht klappt, such nach einer anderen Lösung.
- Lass dich nicht entmutigen. Die Welt ist nicht vollkommen: Du verpasst den Bus, jemand versetzt dich, du fühlst dich lustlos und so weiter. Halte durch, auch an trüben Tagen.
- Prüfe dich selbst. Bist du zu dieser Art Arbeit wirklich fähig und bereit? Andere Menschen verlassen sich auf dich! Manche ehrenamtlichen Tätigkeiten setzen eine Ausbildung voraus. Je besser du vorbereitet bist, desto mehr kannst du leisten.
- Erwarte nicht, dass die Welt sich über Nacht ändert. Wenn du eine Organisation unterstützt, fängst du wahrscheinlich ganz

unten an und musst dich hocharbeiten. Je zuverlässiger du bist, desto schneller geht das.
- Feiere deine Erfolge. Klopf dir selbst auf die Schulter oder gönne dir eine Eiscreme, wenn alles gut läuft. Genieß deine Erfahrungen. Und achte darauf, dass du deine freiwillige Arbeit gern tust – sonst bleibst du nicht lange dabei.

Bezahl deine Zinsen

Als Seelenforscherin solltest du herausfinden, was du auf deine Weise für die Welt tun kannst. Ich muss meinen Weg finden, und du deinen eigenen. Einerlei, wie du deine Zeit, deine Liebe und deine Energie verschenkst, vergiss dabei nicht den See Genezareth und das Gesetz des Karma. Je großzügiger wir sind, desto reicher werden wir belohnt.

»Der Dienst am Nächsten ist der Zins, den wir für unser Leben zahlen«, sagte Marian Wright Edelman, die sich für die Rechte der Kinder einsetzt. Beschließ heute noch, eine wahre Bürgerin der Erde zu werden und ihr dein Bestes zu geben. Sorge dafür, dass dein gutes Karma ständig wächst.

Was meinst DU?

Wenn ich anderen helfe, fühle ich mich im Innersten gut, weil ich weiß, dass meine Hilfe gebraucht wird. Es ist ein schönes Gefühl, für andere da zu sein.

Katie Hedberg, 14 Jahre

Ich arbeite freiwillig in einem Kinderhort und in Schulen. Dadurch fördere ich die Entwicklung meiner Persönlichkeit und wachse über mich selbst hinaus.

Rivky Thaler, 17 Jahre

Ich arbeite oft ehrenamtlich. Das macht mich glücklich, weil ich meiner Gemeinde helfe. Ich spüre, dass ich ein Teil meiner Stadt bin und dass ich gebraucht werde.

Rachael Bentsen, 15 Jahre

Ich habe am Sorgentelefon für Teenager gesessen und in einem Obdachlosenheim gearbeitet. Zurzeit mache ich bei einem Umweltschutzprojekt meiner Stadt mit. Es ist ein großartiges Gefühl, anderen Menschen zu helfen, und ich bin froh, dass ich gemeinnützige Arbeit leisten darf. Ich gebe Menschen, die ich nicht kenne, meine Zeit und sie geben mir ihre Dankbarkeit.

Greer Johnson, 17 Jahre

Ich gebe Kindern aus sozial schwächeren Familien Klavierunterricht. Es so schön, ihnen in die Augen zu sehen, wenn sie gelernt haben, ein Stück zu spielen.

Caitlin Dwyer, 16 Jahre

Lesenswerte Bücher

Die Botschaft der Baumfrau von Julia Butterfly Hill
Mut zum Engagement. Anstöße (nicht nur) für Jugendliche von Uli Jäger

9. Werde Philosophin

Tiefgründige Fragen

Wenn wir geboren werden, steht schon vieles für uns fest: Geschlecht, Staatsbürgerschaft, Hautfarbe und so weiter. Von da an bietet das Leben uns unendlich viele Möglichkeiten. Wir sind dafür verantwortlich, was wir denken, glauben und aus unseren Chancen machen. »Wir erschaffen uns selbst aus Bestandteilen, die wir uns nicht ausgesucht haben, und nach einem Verfahren, das wir nicht steuern können«, sagte der Dichter Lew Welch und fügte hinzu: »Allerdings können wir diesen Prozess auch umkehren.«

Aber wie geht das? Wie finden wir heraus, wer wir wirklich sind? Die Philosophie fordert uns auf, unser Leben und unsere Überzeugungen unter die Lupe zu nehmen. Woher kommen wir, und wohin gehen wir? Indem wir Fragen stellen, finden wir heraus, welche Standpunkte tatsächlich unsere eigenen sind und welche die Wünsche und Erwartungen anderer Leute uns aufgezwungen haben. Wir dürfen nichts, was andere uns vorsetzen, als allgemeingültige Wahrheit akzeptieren.

Die meisten Menschen halten die Philosophie für den Beruf einiger altgriechischer Denker und grüblerischer Intellektueller. Wahrscheinlich kennst du eine Reihe von großen Philosophen, zum Beispiel Aristoteles oder Schopenhauer, und vielleicht hast du in der Schule von ihnen gehört. Aber möglicherweise ist dir noch nicht klar, dass alle Menschen Philosophen im wahrsten

Sinne des Wortes sein können. Die Philosophie ist nicht nur ein Beruf, sondern auch eine Art zu denken. Das Wort »Philosoph« kommt aus dem Griechischen und bedeutet: »einer, der die Weisheit liebt«. Wenn du dein Leben lang nach der Wahrheit und dem Sinn des Lebens suchst, bist du also Philosophin.

Die großen Philosophen

Bei dieser Suche können dir berühmte Denker helfen, die unsere Geschichte mitgestaltet haben. Es ist unwahrscheinlich, dass du mit jedem Philosophen übereinstimmst, den ich dir vorstellen möchte. Begnüge dich aber nicht mit bloßer Ablehnung – frag nach dem Nutzen und nach den Grenzen der einzelnen philosophischen Schulen, und setz dich so lange mit ihren Ideen auseinander, bis du das Körnchen Wahrheit findest, das sie enthalten.

Die Naturphilosophen

Was lehrten sie? Im alten Griechenland begannen die ersten echten Philosophen der Welt um 460 v. Chr., das überlieferte Glaubenssystem in Frage zu stellen. Damals wurden fast alle Naturereignisse mit göttlichen Eingriffen erklärt. Warum regnet es? Weil die Götter mit uns zufrieden sind. Warum werden wir krank? Weil die Götter zornig auf uns sind. Warum haben wir diesen Krieg verloren? Weil die Götter gegen uns waren.

Mit diesen Antworten waren einige Griechen nicht zufrieden. Sie beschlossen, gegen den Strom zu schwimmen und nach besseren Erklärungen für sonderbare natürliche Ereignisse zu suchen. Sie erforschten die materielle Welt, enthüllten viele Geheimnisse der Natur und erzielten große Fortschritte in der Physik und in der Medizin. Anstatt der öffentlichen Meinung zu folgen, überzeugten sie die Menschen davon, dass logisches Denken unerlässlich ist.

Was lernen wir daraus? Manchmal vergessen wir, dass die Mehrheit nicht immer Recht hat. Heute wissen wir zum Beispiel, dass Regentropfen kondensiertes Wasser in der Luft sind und dass Infektionskrankheiten von Mikroben verursacht werden. Aber vor 2000 Jahren wusste das niemand. Und wenn ein Mensch es gewusst hätte, was hätte es ihm genützt? Was hätte er tun können, wenn er als einziger die Wahrheit gekannt hätte?

Was hätten wir getan, wenn wir zur Zeit der Sklaverei, der Hexenverbrennungen oder des Holocaust gelebt hätten? Die Naturphilosophen können große Vorbilder für uns sein, weil sie gehandelt haben. Wir dürfen keine Angst davor haben, die Norm in Frage zu stellen und nach tieferen Wahrheiten zu suchen. Am besten verbannen wir das Wort »normal« ganz aus unserem Wortschatz! Normen wollen uns nur einschränken, unsere Chancen begrenzen und uns Furcht vor »Abweichlern« einjagen. Wenn jemand sich wieder einmal über dich lustig macht, weil du unter der Dusche wie Madonna singst, auf einer Party allein tanzt oder auf andere Weise ganz du selbst bist – lächle einfach und mach weiter. Und wenn du findest, dass jemand deine Freundin, deine Familie, deine Stadt, dein Land oder gar die Welt ungerecht behandelt, dann steh auf und tu etwas dagegen, so wie die alten Naturphilosophen.

Sokrates

Was lehrte er? Manche sagen, Sokrates sei der größte Denker aller Zeiten gewesen. Jedenfalls war er den anderen Einwohnern Athens immer einen oder zwei oder drei Schritte voraus. Er lebte von 470 bis 399 v. Chr. und blieb trotz seinen enormen Wissens stets bescheiden. »Ich weiß, dass ich nichts weiß«, pflegte er zu sagen. Leider misstrauten ihm viele Griechen wegen seiner kritischen Einstellung, und ein Gericht verurteilte ihn zum Tode, weil er »die Jugend verdorben« und »neue Götter eingeführt« habe. Dennoch hinterließ er einen gewaltigen bleibenden Eindruck in der Welt.

Einer seiner großen Beiträge zur Gesellschaft war seine Art zu unterrichten, die »sokratische Methode«. Nachdem er seine Schüler sorgfältig beobachtet hatte, erkannte er, *dass wir die Antwort im Inneren bereits kennen, wenn wir eine Frage stellen* – wir brauchen nur jemanden, der uns auf diese Antwort hinführt. Sokrates war fest davon überzeugt, dass wahre Einsicht von innen kommt, und er weigerte sich, seinen Schülern Vorträge oder Predigten zu halten. Er stellte ihnen Fragen und diskutierte mit ihnen.

Was lernen wir daraus? Wir können die sokratische Methode im täglichen Leben anwenden, um Vorurteile zu überwinden und falsche Behauptungen zu entlarven:

1. Such dir eine Behauptung aus, etwa ein Vorurteil, das als selbstverständlich gilt. Zum Beispiel: *Frauen müssen attraktiv sein, wenn sie Erfolg haben wollen.*

2. Dreh die Behauptung um und stell dir vor, sie sei falsch. Suche nach Situationen, in denen das Vorurteil nicht stimmt. Kann eine Frau auch erfolgreich sein, wenn sie nicht hübsch ist, oder kann sie hübsch sein, ohne Erfolg zu haben? Kenne ich erfolgreiche Mädchen oder Frauen, die nicht als äußerlich attraktiv gelten?

3. Schon wenn du eine einzige Ausnahme findest, war die ursprüngliche Behauptung falsch. Die amerikanische Talkshow-

Queen und Schauspielerin Rosie O'Donnell ist sehr erfolgreich, obwohl sie nach den üblichen Maßstäben nicht hübsch ist. Und Eleanor Roosevelt war erfolgreich (und meiner Meinung nach hübsch), obwohl die meisten Leute sie nicht für attraktiv hielten.

4. Nachdem du bewiesen hast, dass die Behauptung falsch ist, musst du sie so umschreiben, dass die Ausnahmen berücksichtigt werden: *Obwohl man im Allgemeinen behauptet, Frauen müssten körperlich attraktiv sein, um Erfolg zu haben, waren Frauen wie Rosie O'Donnell und Eleanor Roosevelt sehr erfolgreich, obwohl sie nach den üblichen Maßstäben nicht hübsch waren.*

5. Kehre zum zweiten Schritt zurück und überprüfe die neue Behauptung. Gibt es davon Ausnahmen? Wiederhole die Schritte 2 bis 4, bis du eine Aussage formuliert hast, die mit den Tatsachen so genau wie möglich übereinstimmt.

Aristoteles

Was lehrte er? Aristoteles lebte von 384 bis 322 v. Chr. in Griechenland. Schon im Alter von 17 Jahren begann er mit dem Studium der Philosophie. Er stellte viele Theorien über Naturwissenschaften, Politik, Mathematik und das Leben auf. Er lehrte, das Ganze sei mehr als die Summe seiner Teile, das heißt, *die einzelnen Komponenten einer Situation seien nicht so wichtig wie ihre Bedeutung als Ganzes.* Wenn die Menschen darüber nachdenken würden, wie ihr Verhalten sich auf das Ganze (die Gemeinschaft, den Staat, die Welt) auswirkt, gäbe es weniger Umweltverschmutzung, Verbrechen und Ungerechtigkeit. Aristoteles lehrte, es gebe drei Voraussetzungen für das Glück, die alle erfüllt sein müssten:

1. ein Leben voller Freude

2. ein Leben als freier, verantwortungsbewusster Bürger

3. ein Leben als Denker und Philosoph

Was lernen wir daraus? Nach Aristoteles können wir nur zufrieden sein, wenn wir das rechte Maß finden. Ein ausgewogenes Leben führen heißt, Extreme meiden: nicht zu viel oder zu wenig essen, nicht zu viel oder zu wenig arbeiten, sich nicht gehen lassen, aber auch nicht zu streng mit sich selbst sein.

Bist du mit Aristoteles' drei Voraussetzungen für das Glück einverstanden? Hältst du es für möglich, glücklich zu sein, wenn sie nicht erfüllt sind? Liegen diese Bedingungen in deinem Leben vor? Denk darüber nach, was es bedeutet, glücklich zu sein, und stell dann deine eigene Liste von Voraussetzungen auf. Erfüllst du sie alle? Wenn nicht, was hält dich davon ab? Führst du ein harmonisches Leben? Kennst du Menschen, die extrem leben? Welche Folgen hat das für sie und für dich?

René Descartes

Was lehrte er? Descartes (1596–1650) wird oft als Vater der modernen Philosophie bezeichnet, obwohl er vor über 400 Jahren geboren wurde. Ähnlich wie Sokrates ging er an ein Problem heran, als sei alles, was er bereits wusste, falsch. Seiner Meinung nach *müssen wir uns von allen vorgefassten Meinungen und Vorurteilen befreien und unsere Meinung von Grund auf neu bilden.*

Descartes zweifelte nicht nur am überlieferten Wissen, sondern misstraute auch seinen Sinneswahrnehmungen. Könnte es nicht sein, dass unsere Sinne uns täuschen? Wenn wir träumen, halten wir den Traum für die Wirklichkeit. Ich träumte einmal, ich sei schwanger, und ich habe nie zuvor größere Angst gehabt! Descartes wies darauf hin: »Indem ich dies aufmerksamer bedenke, bemerke ich deutlich, dass das Wachen durch kein sicheres Kennzeichen von dem Träumen unterschieden werden kann, so dass ich erschrecke und dieses Staunen mich beinahe in der Meinung bestärkt, dass ich träume.«

Was lernen wir daraus? Der Unterschied zwischen Realität und Traum beschäftigte Descartes sehr. Und da er an allem zweifelte, kam er zu dem Schluss, dass er wenigstens einer Sache sicher sein konnte: dass er zweifelte. Zweifel setzt aber Gedanken voraus, und Gedanken sind nicht ohne einen Denker möglich. Folglich bestätigte Descartes seine Existenz mit dem berühmten Satz: »Ich denke, also bin ich.«

Diese Beobachtung ist für Mädchen von heute ebenso wichtig wie einst für Descartes. Um wirklich lebendig zu sein, müssen wir nachdenken und überlegen. Ich bin oft so sehr mit der Schule und dem Sport beschäftigt, dass ich mir wie ein Automat vorkomme. Wie auf Autopilot erledige ich meine Schularbeiten, höre meinen Lehrern zu, pauke Vokabeln ... und habe am nächsten Tag alles vergessen. Ich lerne viel besser, wenn ich mein Gehirn anstrenge und über den Stoff nachdenke.

Wie lebendig bist du wirklich? Hattest du je das Gefühl, in einem Traum oder im Körper eines Roboters zu leben? Ackerst du hart, um gute Noten zu bekommen und deine Eltern zufrieden zu stellen, oder tust du es, um dein Wissen zu vermehren? Lernst du den Unterrichtsstoff nur für die nächste Klassenarbeit und vergisst ihn dann? Nimm dir vor, das Potenzial deines Gehirns von heute an auszuschöpfen. Wiederhole jeden Morgen die Worte von Descartes: »Ich denke, also bin ich.« Wie lange wirst du sein? Solange du denkst!

Immanuel Kant

Was lehrte er? Im 18. Jahrhundert, dem Zeitalter der Aufklärung, entwickelte Kant (1724–1804) viele Theorien über die menschliche Wahrnehmung. Er sagte: *Wir können niemals genau wissen, wie die Welt wirklich beschaffen ist. Wir können nur wissen, wie sie uns erscheint.* Die Welt, so wie sie *dir* erscheint, ist nur eine von vielen möglichen Wirklichkeiten.

Wenn du je eine rosarote Brille getragen hast, weißt du, was Kant meinte. Du setzt die Brille auf, und plötzlich sieht alles rötlich aus. Wenn du diese Brille immer getragen hättest, müsstest du dann nicht annehmen, die ganze Welt sei rosa? Zum Glück erkennt unser Gehirn, dass die neue Farbe eine Folge der Brille ist, nicht eine echte Eigenschaft der Welt.

Was lernen wir daraus? Kant war der Meinung, dass wir alle die Welt durch unsere eigene »Brille« sehen. Deren Linsen filtern alles, was wir sehen, und verhindern, dass wir die absolute Wahrheit erkennen. Unsere Erfahrungen in der Vergangenheit beeinflussen unsere Wahrnehmungen in der Gegenwart. Einmal futterte ich im Kino eine Menge Popcorn. Am nächsten Tag war ich krank und hatte ziemliche Magenbeschwerden. Von da an war Popcorn nicht mehr mein Lieblingssnack – ich wollte ihn nicht einmal mehr mit den Fingerspitzen anfassen. Der Geschmack des Popcorns hatte sich nicht verändert, wohl aber meine Einstellung. Es dauerte ein Jahr, bis ich wieder Popcorn essen konnte.

Wenn wir mit anderen kommunizieren, dürfen wir nicht vergessen, dass wir alle die Welt mit den eigenen Augen sehen. Versuch einmal, dir die »Brille« anderer Menschen aufzusetzen oder in ihre Schuhe zu schlüpfen, bevor du wütend wirst. Nutz deine Fantasie! Als ich neulich im Restaurant lange auf mein

Essen warten musste, ärgerte ich mich und dachte: »Diese Kellnerin hat kein Trinkgeld verdient.« Dann fiel mir Kant ein, und ich sah, wie die Kellnerin von Tisch zu Tisch rannte und Tabletts balancierte. Da dämmerte mir, wie anstrengend es ist, Kellnerin zu sein. Die dunklen Ringe unter ihren Augen sagten mir, dass sie wahrscheinlich zu lange arbeiten musste. Nach dieser geistigen Übung war ich bereit, auf mein Essen zu warten, und lächelte die Kellnerin sogar freundlich an, als sie schließlich kam.

Die Existenzialisten

Was lehrten sie? Die existenzialistischen Philosophen, die Anfang des 20. Jahrhunderts lebten, waren erfüllt vom Gedanken an die Freiheit des Menschen. Sie wagten die kühne Behauptung, nichts sei an sich richtig oder falsch und jeder Mensch solle seinen eigenen Moralkodex aufstellen. *Wir müssen im Leben selbst einen Sinn finden, anstatt uns auf die Krücken der gesellschaftlichen Normen zu stützen.*

Hast du dich je gefragt, ob du zur Schule gehst, einen guten Job suchst, heiratest und Kinder bekommst, nur weil die Gesellschaft das alles von dir erwartet? Nun, die Existenzialisten empfehlen dir, im Leben den Weg zu gehen, der dich am glücklichsten macht, egal was andere denken. »Ich muss eine Wahrheit finden, die für mich wahr ist ... die Idee, für die ich leben oder sterben kann«, schrieb Sören Kierkegaard, einer der ersten Existenzialisten.

Was lernen wir daraus? Inzwischen ist dir hoffentlich klar geworden, dass Selbsterforschung die Suche nach *deinem* Sinn ist, nicht das Streben nach den Zielen anderer Leute. Aber das ist leichter gesagt als getan! Wenn du versuchen willst, den Rat der Existenzialisten zu befolgen, dann stell die Erwartungen anderer Leute einmal grafisch dar. Nimm ein Blatt Papier und zieh in der Mitte eine senkrechte Linie. In die linke Spalte schreibst du alle

Menschen, die dein Leben beeinflussen: Eltern, Geschwister, Lehrer, Trainer, Großeltern, Freundinnen und so weiter. In der rechten Spalte zählst du auf, was diese Leute von dir erwarten, ausdrücklich oder auch indirekt. Will dein Vater dich zur Sportskanone machen? Erwartet deine Mutter, dass du dich für Politik interessierst, weil sie selbst immer daran interessiert war?

Wenn du fertig bist, studiere die Liste genau. Vielleicht fallen dir ein paar Widersprüche auf, zum Beispiel weil man von dir erwartet, eine Musterschülerin zu sein, die immer nur lernt, und gleichzeitig Sport zu treiben und gesellig zu sein. Das ist auf jeden Fall zu viel verlangt. Durchforste deine Liste nach Erwartungen, die du auf keinen Fall erfüllen kannst oder willst. Wenn du willst, sprich mit Eltern, Freundinnen, Trainern oder anderen Leuten darüber. Vergiss aber nicht, dass dein Leben dir gehört und niemandem sonst.

Die Feministinnen

Was sie lehrten (und immer noch lehren): Die Philosophie war traditionell eine Domäne der Männer, bis die Frauenbewegung die Welt ein wenig aufrüttelte. Der Feminismus hat viele Gesichter, und es gab ihn auch in vielen vergangenen Epochen; aber eines ist allen Varianten gemeinsam: *Die Forderung nach Freiheit und Gleichheit für die Frauen.* Schon 1792 trat die Philosophin Mary Wollstonecraft für das Recht der Frauen auf Bildung ein. Mitte des 19. Jahrhunderts kämpfte eine Gruppe mutiger englischer Frauen, darunter Elizabeth Cady Stanton und Susan B. Anthony, für das Wahlrecht der Frauen (das aber erst 1920 eingeführt wurde). In den Sechzigerjahren des vorigen Jahrhunderts erweckten die Hippies die Frauenbewegung zu neuem Leben und verlangten politische, wirtschaftliche und gesellschaftliche Chancengleichheit für Frauen und das Recht, die Zahl der Kinder selbst zu bestimmen.

Aber der wahre Feminismus geht über diese Ziele hinaus und hat einen philosophischen Kern. Die Autorin und Feministin Robin Morgan erläutert: »Die feministische Vision handelte immer von Liebe – nicht von einer sentimentalen, billigen Imitation, sondern von der wilden, heftigen, zornigen, läuternden, dynamischen Liebe, die den Wandel fordert.« Gleichheit bedeutet mehr als das Recht, Hosen zu tragen oder Abgeordnete zu wählen. Es bedeutet, dass wir unseren Körper, unseren Geist und unser Leben lieben dürfen, auf jede denkbare Weise und zu jeder Stunde eines jeden Tages.

Was lernen wir daraus? Der Feminismus beeinflusst unser Leben als Mädchen und künftige Frauen. Jedes Mädchen, das sich selbst sucht, will respektvoll behandelt werden und gleiche Chancen haben. Wie also können wir Feministinnen werden? Zuerst müssen wir aus der Geschichte lernen. Das heißt, wir sollten über die vielen faszinierenden und einflussreichen Frauen lesen, die in Lehrbüchern nicht erwähnt werden, aber unsere Aufmerksamkeit verdienen. Suche nach Vorbildern unter Frauen wie Marie Curie, Simone de Beauvoir, Marla Glen, Rosa Luxemburg und Zora Neale Hurston. Dann tritt für unser Geschlecht ein, auch wenn du nur kleine Beiträge leisten kannst. Voriges Jahr sagte unser Fußballtrainer, wir dürften »Mädchen-Klimmzüge« anstatt »echte Klimmzüge« machen. Ich erklärte ihm, warum mir diese Ausdrucksweise nicht gefiel. Tritt für die Rechte der Frauen ein, wann immer sich eine Gelegenheit dazu bietet. Der Wandel kommt nicht über Nacht, aber wenn wir beharrlich sind und hart dafür arbeiten, dann kommt er bestimmt!

Was ist deine Philosophie?

Jetzt hast du also einige wichtige philosophische Schulen kennen gelernt, und du weißt, was andere Leute über Wahrheit, Schönheit, Gleichheit und Freiheit denken. Doch eine wichtige Frage bleibt: Was denkst *du*? Was ist *deine* Philosophie? Bevor dir zu sehr der Kopf schwirrt, möchte ich dir noch ein paar Übungen vorstellen, die dir bei der Antwort helfen können.

Stell dir deine Beerdigung vor. Ja, mir ist schon klar, wie seltsam dieser Vorschlag klingt. Es kann unheimlich oder gar schmerzlich sein, an das eigene Begräbnis zu denken, je nach deinen bisherigen Erfahrungen. Trotzdem sollen wir über den Tod nachdenken, wenn wir über das Leben nachdenken wollen. Viele Psychologen machen diese Übung mit ihren Patienten, damit diese lernen, Prioritäten im Leben zu setzen, solange es noch möglich ist.

Jetzt bist du also Gast bei deiner Beerdigung. Denk darüber nach, ob du etwas bedauerst. Bist du damit zufrieden, wie du andere Menschen behandelt hast und wie du dich selbst behandelt hast? Misch dich unter die Leute. Was sagen sie über dich? Sagen sie das, was du dir erhofft hast? Loben sie dich für bestimmte Eigenschaften oder Taten? Wenn du fertig bist, kehre in die Realität zurück und denk über deine Erkenntnisse nach. Lass dich von ihnen inspirieren und sei nicht deprimiert. Als junge Frau, die erst am Beginn ihres Lebens steht, stehen dir viele Wege offen.

Dein Anti-Ich. Wenn du überlegst, wer du bist, ist es überraschend hilfreich, auch darüber nachzudenken, wer du *nicht* bist. Stell dir vor dem geistigen Auge eine junge Frau vor, die das genaue Gegenteil von dir ist. Wie sieht sie aus? Wie redet und handelt sie? Stell sie dir als Mitglied deiner Familie vor. Mal dir

> ### Was meinst DU?
>
> Mir gefällt der Gedanke, dass meine Philosophie und meine Spiritualität mich unterstützen, wenn ich moralische Entscheidungen treffen muss. Ich glaube, dank meiner Überzeugungen stehe ich der Welt aufgeschlossener gegenüber. Außerdem trösten sie mich, wenn ich niedergeschlagen bin oder an mir selbst zweifle.
> JULIA HALPRIN JACKSON, 16 JAHRE
>
> Ich glaube, man könnte mich als Humanistin bezeichnen. Meiner Meinung nach sind wir ein Wunder, und dass wir gerade hier sind, ist ein Beweis für den Humor des Universums. Dass der menschliche Geist Werke wie die von Michelangelo, Bach und Shakespeare hervorbringen kann, fasziniert mich. Ich frage mich, wozu wir sonst noch fähig sind.
> CAITLIN DWYER, 16 JAHRE

aus, wie sie in der Schule ist und wie sie mit deinen Freundinnen auskommt. Wie sieht ihr Tag aus? Warum ist sie anders als du?

Wenn du Lust hast, schreib eine Geschichte über dein Anti-Ich oder zeichne ein Bild. Die Gefühle, die du dabei empfindest, werfen ein Licht auf deine positiven und negativen Persönlichkeitszüge. Mir fiel beispielsweise auf, dass mein Anti-Ich gut zuhörte, wenn jemand mit ihr sprach – ein Hinweis darauf, dass ich die Ohren aufsperren und besser auf andere eingehen sollte. Was hat dein Anti-Ich dir zu sagen?

Leichen im Keller. Kaum etwas ist so aufschlussreich wie unsere Geheimnisse. Was wir verstecken, sagt uns eine Menge darüber, wer wir sind. Denk einen Augenblick über deine tiefsten Geheimnisse nach. Hast du etwas getan oder gesagt, was du auf keinen Fall enthüllen würdest, weil es zu peinlich ist? Dein größtes Geheimnis kann natürlich auch ein Gedanke, ein Gefühl oder ein

Traum sein. Ich glaube, es wäre entsetzlich, wenn jemand ein Gerät erfände, mit man die Gedanken des anderen lesen kann – vermutlich würden wir uns für immer im Keller verstecken!

Da wir vor unseren eigenen Geheimnissen nicht weglaufen können, sollten wir sie nutzen, um innerlich zu wachsen. Überlege, wie deine Geheimnisse dich als Menschen mitformen. Warum verbirgst du bestimmte Dinge? Hast du auch Geheimnisse vor dir selbst? Nimm dir ein wenig Zeit, nach Leichen in deinem Keller zu suchen. Wer weiß, was du entdeckst!

Denk einfach nach

Niemand verlangt von dir, ein neuer Sokrates zu werden. Aber es ist wichtig, dass du ab und zu darüber nachdenkst, was dir durch den Kopf geht, selbst wenn es nichts Besonderes ist. Was stört dich? Was gefällt dir? Du kannst über deine Beziehungen, über die Wolken, über Limonade, über gestern oder morgen nachdenken. Wenn meine Katze zu lange im Haus war, lassen wir sie ein paar Stunden ins Freie, damit sie umherstreifen und sich amüsieren kann. Auch der menschliche Geist will gelegentlich herumtollen.

Lesenswerte Bücher

Sofies Welt von Jostein Gaarder
Ich mag mich, wenn ich lache von Zora Neale Hurston
Anatomie der Freiheit von Robin Morgan
Philosophie für Dummies von Tom Norris
Kleine Geschichte der Philosophie von Volker Spierling
WahnsinnsFrauen (Band 1–3) von Luise F. Pusch/Sybille Duda
Berühmte Frauen (Band 1–2) von Luise F. Pusch/Susanne Gretter

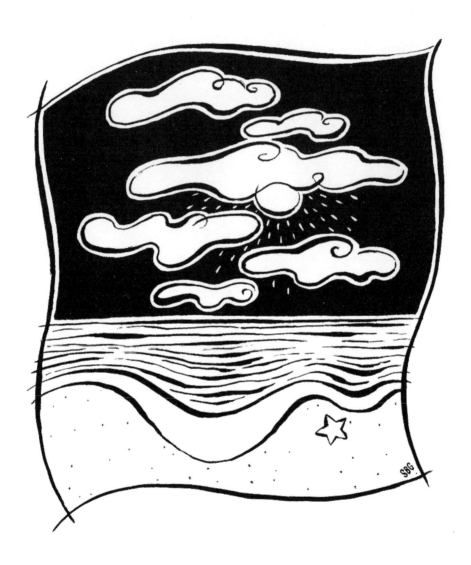

10. Erforsche die Religionen der Welt

WOHNT EIN BUDDHA IN DIR?

Religion ... das Wort ist uns bekannt – aber was bedeutet es genau? Ist Religion die Kirche? Oder Gott? Oder der Himmel? In meinem Wörterbuch steht, Religion sei »der Glaube an eine übernatürliche Macht, die das Universum geschaffen hat und regiert«. Seit Anbeginn der Geschichte ist die Religion eine der stärksten Kräfte der Gesellschaft. Menschen leben und sterben für ihre Religion. Es gab Religionskriege, aber auch Friedensverträge um der Religion willen. Die Menschen haben schon alles Mögliche angebetet: die Sonne und den Mond, den Wind und das Feuer, Jesus Christus, Mohammed und Buddha.

Die Religion kann auch eine große Hilfe bei der Selbsterforschung sein. Sie hilft uns, schwierige Fragen zu beantworten, zum Beispiel: »Warum bin ich da?« oder »Welchen Sinn hat mein Leben?« Sie zeigt uns unseren Platz im Leben und setzt uns Ziele. In mancher Hinsicht ist sie unser moralischer Kompass.

Welche Rolle hat die Religion bisher in deinem Leben gespielt? Manche Mädchen wachsen in einer streng religiösen Familie auf, andere haben Eltern, die verschiedenen Konfessionen angehören oder konfessionslos sind. Die meisten von uns haben dieselbe Religion wie unsere Eltern; aber einige Mädchen gehen ihren eigenen spirituellen Weg.

Es ist nicht meine Aufgabe, dir einen bestimmten Glauben zu empfehlen. Aber ich finde es wichtig, religiöse Überzeugungen zu haben – selbst wenn das bedeutet, nicht an Gott zu glauben. Vielleicht hast du dich dafür entschieden, einer organisierten Religionsgemeinschaft zu angehören, etwa dem Christentum oder dem Judentum. Du besuchst regelmäßig Gottesdienste und hältst dich an bestimmte moralische Regeln. In diesem Fall kann die Religion eine Quelle des Trostes und der Freude, aber auch des Rates und der Einsicht für dich sein. Natürlich kannst du auch deinen eigenen Glauben haben und die Lehren der Kirche ablehnen. Es hat seine Vorteile, wenn du aus mehreren Religionen und spirituellen Lehren schöpfst und daraus etwas Einzigartiges schaffst.

Sei wählerisch

Wenn du dir einen CD-Player kaufen willst, hörst du dich wahrscheinlich um, vergleichst Preise, lässt dir verschieden Geräte im Geschäft vorführen und denkst lange und gründlich nach, bevor du dich entscheidest. Du kaufst nicht den erstbesten CD-Player. Und du kaufst auch nicht gedankenlos den gleichen, den deine Eltern haben. So solltest du auch mit deiner Religion umgehen, die weitaus wichtiger ist, als ein CD-Player es je sein kann. Um den Wert einer Religion zu ermitteln, musst du sie aus allen denkbaren Blickwinkeln betrachten. Mit jeder Religion, die wir erforschen, lernen wir mehr über die Welt, Gott und uns selbst. Wir lernen, andere Kulturen und Lebensweisen zu respektieren, selbst wenn wir nicht mit ihnen übereinstimmen. Diese Toleranz hilft uns, die Weisheit anderer Überlieferungen zu nutzen, ohne unseren eigenen Glauben anzutasten.

Die Religionen der Welt

In diesem Kapitel möchte ich einige der wichtigsten Religionen der Welt kurz beschreiben und dir zeigen, was du von ihnen lernen kannst. Mit einigen dieser Religionen bist du wahrscheinlich vertraut, andere sind dir vielleicht neu. Niemand kann von dir verlangen, mit allen übereinzustimmen; aber aufgeschlossen solltest du schon sein. Such nach dem Körnchen Wahrheit in jeder Religion und jeder Kultur. Außer den Grundlagen der einzelnen Religionen wollen wir uns auch ansehen, was an ihnen einzigartig ist und wie sie uns auf der Reise zum wahren Selbst helfen können.

Das Christentum

Die Grundlagen: Die Lehren des Christentums drehen sich um das Leben, den Tod und die Auferstehung Jesu Christi vor 2000 Jahren. Christen lesen die Bibel und halten Jesus für den Sohn Gottes, der für die Sünden der Welt gestorben ist. Sie glauben, die Seele sei unsterblich und gelange nach dem Tod in den Himmel oder in die Hölle.

Das Besondere: Interessant ist die Vielfalt der christlichen Religionen. Es gibt Katholiken, Altkatholiken, Orthodoxe, Lutheraner, Reformierte, Adventisten, Baptisten und viele andere. Sie alle ehren Gott auf ihre Weise. Die amischen Mennoniten in Amerika bemühen sich beispielsweise, Jesus möglichst genau nachzueifern. Sie kleiden sich schlicht, tragen keinen Schmuck und lehnen die moderne Technik ab – sogar die Elektrizität. Katholiken haben ein spirituelles Oberhaupt: den Papst in Rom. Die Anhänger der Christlichen Wissenschaft sind davon überzeugt, dass der Glaube den Körper heilen kann; darum lehnen sie Medikamente ab und beten stattdessen. Die Mormonen glauben, dass Gott auch heute noch Propheten beruft und dass jeder Mensch von Gott inspiriert sein kann.

Eine Perle der christlichen Weisheit: GLAUBE

Das Neue Testament enthält viele schöne Gleichnisse, in denen Jesus bleibende Wahrheiten verkündet. Mit dem Gleichnis vom Senfkorn erinnert er uns zum Beispiel daran, wie kümmerlich so ein Senfkorn aussieht – kleiner als die meisten anderen Samenkörner. Sobald man das Senfkorn jedoch in die Erde pflanzt, wächst es höher als die anderen Kräuter in seiner Umgebung. Es wird zu einem Baum, der so groß ist, »dass die Vögel unter dem Himmel kommen und wohnen in seinen Zweigen«.

Das Senfkorn, sagte Jesus, gleiche dem Himmelreich. Unser Glaube mag anfangs noch schwach sein und den unwissenden Beobachter kaum beeindrucken. Doch sobald wir uns selbst besser verstehen und einer höheren Macht vertrauen, entwickeln wir uns auf unerwartete und erstaunliche Weise. Wie der Senfbaum werden wir mit der Zeit so groß, dass unsere Spiritualität über unser Ich hinauswächst und auch andere Wesen einschließt – so wie der Baum die Vögel schützt. Wenn du über deine bisherigen Fortschritte als Seelenforscherin enttäuscht bist, dann erinnert Jesus dich daran, dass alle großen Bäume einmal winzige Samenkörner waren.

Das Judentum

Die Grundlagen: Das Judentum entstand vor über 4000 Jahren in Palästina. Es hat sehr starke historische Wurzeln, die bis auf Abraham zurückgehen – den ersten Menschen, der einen Bund mit Gott schloss. Nach der Thora, der hebräischen Bibel, hat

Gott diesen Bund mit Isaak, Josef und Moses erneuert. Juden sind Monotheisten, das heißt sie glauben an *einen* allmächtigen Gott, und sie halten sich für das auserwählte Volk Gottes, das in seinem Glauben Schutz und Erlösung findet.

Das Besondere: Das Judentum hat viele Aspekte der modernen Gesellschaft hervorgebracht, darunter zwei andere Weltreligionen: das Christentum und den Islam. Ihm verdanken wir auch die Zehn Gebote, einen sehr wichtigen moralischen Wegweiser, an den sich Millionen von Menschen seit Jahrhunderten halten. Nach der Thora übergab Gott Moses am Berg Sinai zwei Tafeln, auf denen die Gebote eingekerbt waren: Du sollst keine anderen Götter neben mir haben ... Du sollst nicht töten ... Du sollst nicht stehlen ... Diese zehn Gebote legen klar und deutlich fest, wie die Menschen ihr Leben führen sollen.

Eine Perle jüdischer Weisheit:
KONTEMPLATION

Das Judentum legt großen Wert darauf, Fragen zu stellen und darüber nachzudenken. »Ein Jude nimmt eine gewisse Stille wahr, eine fast unbeschreibliche Ruhe und Vollkommenheit, die wir bisweilen hinter dem Aufruhr der Welt für kurze Zeit entdecken«, sagt Rabbi David Wolpe. Aber zuerst, fügt er hinzu, müssen wir dazu bereit sein: »Wir können diese Stille nicht sehen oder hören, aber wir können sie spüren.«

Um sich darauf vorzubereiten, halten Juden den Sabbat ein, einen Tag der Ruhe und der Spiritualität. An diesem Tag muss die Arbeit der Entspannung, der Kontemplation und der Freude am Leben weichen. Selbst wenn du keine Jüdin bist, kannst du dem Sabbat etwas abgewinnen, indem du am Wochenende deine Lieblingsmusik hörst, mit deiner Familie spazieren gehst, über spirituelle Themen nachdenkst und dich darüber freust, dass du lebst.

Der Islam

Die Grundlagen: Der Islam lehrt, dass die Welt viele große Propheten gekannt hat, darunter Abraham, Moses und Jesus. Der letzte Prophet hieß Mohammed, und Moslems glauben, dass Gott ihm vor über 1400 Jahren Botschaften übermittelt hat. Heute hat der Islam mehr als eine Milliarde Anhänger auf der ganzen Welt. Moslems bekräftigen ihren Glauben an Gott, den sie Allah nennen, indem sie seine Gebote befolgen, wie sie im Koran niedergeschrieben sind.

Das Besondere: Der Islam fordert seine Anhänger auf, anderen zu helfen und mindestens einmal im Leben nach Mekka (in Saudiarabien) zu pilgern. Im heiligen Monat Ramadan (das ist der neunte Monat im moslemischen Kalender, der im Dezember beginnt und in Januar endet) müssen sie von Sonnenaufgang bis Sonnenuntergang fasten. Moslems sind außerdem zur Wahrheit, Nächstenliebe und Hingabe an Gott verpflichtet. Ihre Gottesdienste feiern sie täglich in Moscheen.

Eine Perle islamischer Weisheit: GEBET

Moslems lernen schon als Kinder, guten Rat und Gelassenheit im Gebet zu suchen. Moslems beten fünfmal am Tag und wenden sich dabei Mekka zu. Für sie ist das Gebet ein Zwiegespräch mit einer höheren Macht: Sie schauen *nach innen* und streben dadurch *nach oben*.

Viele Menschen beten sehr oberflächlich: »Lieber Gott, bitte hilf mir bei der Mathearbeit!« Aber es gibt sinnvollere Gebete. Wenn wir älter und unabhängiger werden, vergessen wir oft, wie tröstend es ist, sich auf jemanden zu stützen, der größer ist als wir. Im Gebet können wir Angst lindern, Dankbarkeit ausdrücken und Freude zeigen. Wir sind nie allein. Für Moslems sind die Gebete ein umfassendes Ritual. Zuerst ziehen sie saubere Kleidung an, waschen sich und legen einen Gebetsteppich so auf den Boden, dass er in die Richtung Mekkas zeigt. Während der Gebete sorgen rituelle Bewegungen für die Einheit von Körper und Seele. Wenn du Kummer und Sorgen hast, wende dich vertrauensvoll im Gebet an die höhere Macht, an die du glaubst.

Der Buddhismus

Die Grundlagen: Vor mehr als 2500 Jahren wurde in Indien ein Prinz namens Siddharta Gautama geboren. Da er unbedingt die Erlösung vom Leiden finden wollte, gab er sein luxuriöses Leben auf und suchte nach Weisheit. Nach einer langen, schwierigen Suche erreichte er das Nirwana, das Ende des Leidens, während er unter einem Baum meditierte. Von da an nannten seine Anhänger ihn Buddha, den Erwachten, und legten weite Strecken zurück, um seine Lehre über das Mitgefühl, den inneren Frieden und die Erlösung zu hören. Diese Lehre wurde auf fast 5000 Seiten in sechzehn Bänden festgehalten. Die ersten drei Bände heißen *mittlere Sammlung* und enthalten den Kern der buddhistischen Lehre.

Das Besondere: Im Gegensatz zu anderen Religionsgründern behauptete Buddha nicht, er sei von Gott gesandt. Er erklärte, es habe viele Buddhas vor ihm gegeben und kündigte weitere Buddhas in der Zukunft an. Jeder Mann und jede Frau kann »erwachen«. In jedem Menschen wohnt eine »Buddhanatur«, die von negativen Gedanken und Gefühlen unberührt bleibt. Buddhisten bemühen sich, diese

Buddhanatur zu befreien, indem sie die »vier edlen Wahrheiten« studieren und dem »achtfachen Pfad« folgen, der zur Erlösung führt.

Eine Perle buddhistischer Weisheit:
ACHTSAMKEIT

Ein ganz besonderer Aspekt der buddhistischen Tradition ist das Leben im Augenblick. Achtsam sein heißt, sich jedes Augenblicks, jeder Bewegung, jeder Empfindung und jedes Gedankens voll bewusst zu sein. Buddhisten versuchen, in der Gegenwart zu leben und nicht in der Vergangenheit oder Zukunft. Buddha sagte, das Leben lasse sich mit einem Wort definieren: Wachheit. Er warnte uns nicht davor, im Unterricht zu dösen oder nachts selig zu schlummern, sondern er lehrte uns, wie schön es ist, *hier und jetzt* zu leben.

»Wenn du eine Mandarine isst, leg sie auf die Handfläche und betrachte sie so, dass sie real wird«, empfiehlt der bekannte buddhistische Lehrer Thich Nhat Hanh. Wie machen wir eine Mandarine real? Ein Buddhistin isst *bewusst*, nicht abwesend und zerstreut wie die meisten Leute. Sie setzt sich an den Tisch, legt die Mandarine darauf, betrachtet sie und beginnt langsam zu essen. Sie genießt den Geschmack der Frucht auf der Zunge und erfährt dadurch die Freude des Lebens im Augenblick. »Du kannst sehr glücklich sein, wenn du die Mandarine schälst, riechst und schmeckst«, sagt Thich Nhat Hanh. Bemühe dich, deine nächste Mahlzeit achtsam einzunehmen und das Essen wirklich auszukosten. Dann wirst du erstaunt feststellen, dass eine simple Mandarine dich der Erleuchtung näher bringt!

Der Hinduismus

Die Grundlagen: Der Hinduismus entstand vor etwa 3000 Jahren in Indien und hat heute über 700 Millionen Anhänger. Im Gegensatz zu den meisten anderen Religionen kennt er keinen Gründer und keine festgefügte Lehre. Hindus glauben zwar an einen Schöpfer namens Brahman, aber es gibt noch viele andere Hindugötter, zum Beispiel Vishnu, den Gott des Raumes und der Zeit, und Durga, die Göttin der Mutterschaft. Jeder Gott hat seine eigene Persönlichkeit und Symbolik, über die man in den Veden, den heiligen Schriften der Hindus, nachlesen kann.

Das Besondere: Hindus glauben daran, dass wir schon viele Male gelebt haben und nach dem Tod wiedergeboren werden. Statt Wiedergeburt sagt man auch Reinkarnation. Der Mensch besteht aus dem Körper und der Seele, und wenn der Körper abgenutzt ist, wirft die Seele ihn ab und sucht sich einen neuen. »Der Körper wird von Leidenschaft und Verlangen beherrscht«, erläutert der Religionswissenschaftler Joseph Gaer. »Aber die Seele wird von Gelassenheit und der friedlichen Suche nach Wahrheit beherrscht.« Wenn wir diese Wahrheit gefunden haben, sind wir nach hinduistischem Glauben vom Kreislauf der Wiedergeburten erlöst und gehen ins Nirwana ein.

Eine Perle hinduistischer Weisheit:
Vergebung

Wie zahlreiche andere Religionen lehrt der Hinduismus die Macht der Versöhnung. »Wenn du tapfere Menschen sehen willst, dann suche sie unter denen, die vergeben«, heißt es in der *Bhagawadgita*, dem heiligen Epos der Hindus. »Wenn du Helden sehen willst, dann suche sie unter denen, die Hass mit Liebe erwidern.«

Es ist schwer, seine Feinde zu lieben, aber wenn wir uns von

Wut und Groll lösen, kommen wir auf dem Weg zu uns selbst einen großen Schritt voran. Einem Hindu fällt das leichter, weil sein Glaube ihn lehrt, dass jeder Mensch seinem Wesen nach heilig ist. Wenn zwei Hindus einander begrüßen, verbeugen sie sich und legen die gefalteten Hände an die Brust. Mit dieser Geste ehren sie das Heilige im anderen, den vollkommenen Geist, der in uns allen wohnt. Wenn dir jemand Unrecht oder Leid zufügt, halt einen Augenblick inne und denk an die innere Schönheit auch in diesem Menschen. Dann fällt es dir leichter, Bitterkeit zu überwinden und in Frieden zu leben.

Der Schintoismus

Die Grundlagen: Viele Japaner verehren seit den Anfängen ihrer Kultur die mysteriösen Kräfte der Natur im Rahmen einer Religion, die Schintoismus heißt. Da Japan immer wieder von verheerenden Taifunen, Vulkanausbrüchen und schrecklichen Flutwellen heimgesucht wird, ist es nicht verwunderlich, dass die Japaner eine demütige Ehrfurcht vor den Naturgewalten empfinden. Sie nennen diese Kräfte *kami* und verehren sie durch Gebete, Opfer und Riten.

Das Besondere: Der Schintoismus wird außerhalb Japans kaum praktiziert, und heute sind viele seiner Anhänger gleichzeitig Christen oder Buddhisten, da der Schintoismus für sich keine Exklusivität beansprucht. Er verlangt allerdings von seinen Anhängern eine tiefe Liebe zur Natur, zum Sonnenuntergang ebenso wie zu jedem Grashalm. Um ihre Verehrung zu zeigen, bauten die Schintoisten viele Tempel, in denen sie beten und Speisen, Origami oder Grashalme opfern. Mit ihren Ritualen wollen sie ihr Herz mit dem Herzen der Kami verschmelzen.

Eine Perle schintoistischer Weisheit:
EHRFURCHT VOR DER NATUR

Wer zwischen Wolkenkratzern und betonierten Gehwegen lebt, verliert leicht den Kontakt mit der Natur. In der Natur erfahren wir »die Heilkraft der Blumen und Gräser, der Berge und Bäche, des Regens und der Wolken«, wie der japanische Autor Inazo Nitobe schreibt. Der Schintoismus rät uns, die Heilkraft der Natur zu nutzen.

Selbst wenn du in einer großen Stadt lebst, kannst du den Duft des Rosmarins auf dem Fensterbrett oder den Anblick eines Eichhörnchens im Park genießen. Viele Schintoisten stehen früh auf, um den Sonnenaufgang zu bewundern; andere verehren die Kami durch Malerei, Gesang und Gedichte. »Warum das Göttliche in weiter Ferne suchen?«, fragt Nitobe. »Es wohnt in allen Dingen, die uns umgeben.«

Die Religion der Hopi

Die Grundlagen: Die Hopi sind Pueblo-Indianer im Norden von Arizona. Sie sind heute noch stark mit ihrer Religion und Geschichte verbunden. Die Hopi achten ihre kulturelle Tradition und verzichten auf eine hierarchische Kirche. Ein wichtiger Bestandteil ihrer Religion ist Kachina, der Geist, der in allen Objekten und Phänomenen der Natur wohnt – im Regen, im Sonnenschein, in der Asche und in den Tieren. Ihn verehren die Hopi mit Kachina-Tänzen und kunstvollen Puppen.

Das Besondere: Als Kinder haben manche von uns Märchen wie »Der Hase und die Schildkröte« gehört. Diese Geschichten wollen nicht nur unterhalten, sondern auch wichtige moralische Lehren vermitteln. Bei den Hopi werden solche Geschichten mündlich überliefert und halten die spirituelle Tradition am Leben. Die

Vorfahren der Hopi verkündeten keine Dogmen, sondern kleideten ihre Lehren in Geschichten, die seit vielen Generationen erzählt werden.

Eine Perle der Hopi-Weisheit: GEDULD

In den heiligen Geschichten der südwestlichen Hopi ist von einer göttlichen Mutter namens Spinnenfrau die Rede. Warum symbolisiert ausgerechnet eine Spinne die Gottheit? Vielleicht verstehst du es, wenn du eine Spinne genau beobachtest. Sie verbringt viele Stunden damit, ein komplexes und elegantes Netz zu weben. Wird das Netz beschädigt, repariert sie jeden winzigen Faden geduldig. Sie hört erst auf, wenn alles in Ordnung ist, und wartet dann darauf, dass ihre Mahlzeit sich in den glitzernden Fäden verfängt.

Die Hopi erinnern uns daran, dass wir von Pflanzen und Tieren noch viel lernen können. Das Netz einer Spinne ist eine Metapher für das heilige Leben, wie Edward Hays schreibt: »Wie die Spinne müssen wir die Fäden unseres Lebens immer wieder instand setzen und mit dem göttlichen Zentrum verbinden.« Wenn du wieder einmal ungeduldig bist, dann denk an die Spinnenfrau und ihre unendliche Geduld.

Baha'i

Die Grundlagen: Das Baha'i ist 1844 aus dem Islam hervorgegangen. Ein Prophet namens Bab kündigte die Ankunft eines Menschen an, welcher der Welt Einheit und große Weisheit bringen werde. 19 Jahre später behauptete der Iraner Baha'u'llah, er sei dieser Mensch, und wurde so zum Oberhaupt der Baha'i-Religion. Seine Anhänger glauben an einen ewigen Schöpfergott, über den wir allerdings nichts wissen können.

Das Besondere: Die Baha'i ist einzigartig, weil es größten Wert auf Einheit legt. »Die Erde ist ein einziges Land, und die Menschheit ist sein Bewohner«, erklärt ein bekannter Baha'i-Spruch. Die Anhänger dieser Religion glauben, dass wir zwar nichts über Gott erfahren können, dass er aber viele Propheten schickt, um uns seinen Willen zu verkünden. Moses, Buddha, Jesus, Mohammed und Baha'u'llah sind einige dieser Gottesboten, auf die wir hören sollten.

Eine Perle der Baha'i-Weisheit: TOLERANZ

Die Anhänger des Baha'i glauben, dass alle Religionen dieselbe spirituelle Wurzel haben. Darum sind sie für uns ein Vorbild, was Toleranz betrifft. Die vielen Religionen der Welt sind für sie nur verschiedene Wege zum selben Berg, und deshalb kämpfen sie für die Gleichheit der Geschlechter und aller Völker.

Dieses Prinzip der Duldsamkeit wird oft mit religiöser Gleichgültigkeit oder Naivität verwechselt. Um tolerant zu sein, müssen wir aber jedem Menschen das Recht einräumen, anderer Meinung zu sein als wir, selbst wenn wir seine Ansichten für falsch halten. Auf dem Gipfel der Toleranz fühlen wir uns von fremden Ideen nicht mehr bedroht, sondern suchen in jedem neuen Standpunkt, dem wir begegnen, nach Wahrheit und Weisheit. Wenn wir die Welt mit ausgebreiteten Armen empfangen, geben die vielen unterschiedlichen Menschen und Glaubensformen uns Kraft.

Die Suche

Wie in der Philosophie ist es auch in der Religion wichtig, Fragen zu stellen. Wenn du noch nach deinem Glauben suchst, können einige spirituelle Fragen dir vielleicht helfen:

- Glaube ich an Gott oder an eine höhere Macht?
- Wenn ja, was bedeutet mir dieser Gott oder diese Macht?
- Welche religiösen Rituale sind mir wichtig?
- Glaube ich an einen Himmel und an eine Hölle?
- Glaube ich an ein Leben nach dem Tod?
- Was ist der Tod?

Spirituelle Entwicklungsstufen

Ein weiterer interessanter Aspekt sind die Stufen der religiösen Entwicklung. Religionswissenschaftler haben sechs solche Stufen entdeckt, in die natürlich nicht jeder Mensch haargenau hineinpasst. Die meisten von uns bewegen sich im Lauf der Jahre von einer Stufe auf die nächsthöhere. Einige erreichen die höchste Stufe, während andere sich bis ans Ende ihres Lebens auf einer bestimmten Stufe wohl fühlen oder mehrer Stufen gleichzeitig erfahren.

Stufe 1: MAGIE

Scotty McLennan nennt in seinem Buch *Finding Your Religion* (»Finde deine Religion«; bisher noch nicht auf deutsch erschienen) als erste Entwicklungsstufe die Magie. Für kleine Kinder ist Gott ein allmächtiger Zauberer, der Gutes tut. Sie sehen ihn in mystischem Licht und machen ihn für alles verantwortlich, was in ihrer Welt geschieht: gutes Wetter, Autounfälle und so weiter.

Stufe 2: WIRKLICHKEIT

Etwa im Alter von sechs Jahren beginnen Kinder, Tatsachen von der Fantasie zu unterscheiden. In dieser Phase betrachten sie Gott eher als greifbare Person (etwa als alten Mann mit langem weißem

Erforsche die Religionen der Welt

> **Was meinst DU?**
>
> *Voriges Jahr belegte ich einen Ethik-Kurs an meiner Schule. Er öffnete mir die Augen für die vielen Religionen der Welt. Ich lernte den Wert der Traditionen und Rituale des Judentums, des Taoismus, des Buddhismus und vieler anderer Religionen kennen, die mir bis dahin fremd gewesen waren. Das brachte mich auf die Idee, möglichst viele Religionen genauer zu erforschen. Eines Sonntags gingen meine Freundin Sally und ich in einen Gottesdienst der Unitarier. Das war für uns beide etwas ganz Neues, und wir erfuhren, wie andere Leute Gott ehren. Später besuchten wir unter anderem eine Synagoge und eine katholische Messe. Jedes Mal lernte ich etwas dazu und verstand meine eigene Spiritualität besser.*
>
> GREER JOHNSON, 17 JAHRE
>
> *Ich bin Christin, und meine Religion ist ein wichtiger Teil meines Lebens. Meiner Meinung nach ist Gott liebevoll und fürsorglich. Ich bin glücklich, wenn ich an all die Wunder in meinem Leben denke und an das Gute, das ich erlebt habe. Gott hat mich gemacht und er hilft mir, ein guter Mensch zu sein und alle anderen Menschen lieben zu lernen. Aber leicht ist das nicht.*
>
> RACHAEL BENTSEN, 15 JAHRE

Bart auf einem Thron). Sie versuchen, Gott durch Gebete, gute Taten und Versprechungen günstig zu stimmen.

Stufe 3: ABHÄNGIGKEIT

Heranwachsende kämpfen oft sehr mit dieser und mit der nächsten Stufe – Abhängigkeit und Unabhängigkeit. Jugendliche sehnen sich oft sehr nach einer persönlichen Beziehung zu Gott und hoffen, in ihm bedingungslose Liebe und Akzeptanz zu finden. Gott ist für sie eine Art Vaterfigur, der sie beschützt und zornig oder enttäuscht ist, wenn sie ihm nicht gehorchen.

Stufe 4: UNABHÄNGIGKEIT

Auf dieser Stufe wehren wir uns gegen Institutionen und strenge Traditionen. »Anstatt sich auf gesellschaftliche Konventionen und spirituelle Lehrer zu verlassen, sucht der ältere Teenager oder junge Erwachsene in sich selbst nach spirituellen Lösungen«, schreibt McLennan. Jetzt sagen viele junge Leute: »Ich bin zwar spirituell interessiert, aber nicht religiös.« Es ist oft schwer, zwischen einem engen Abhängigkeitsverhältnis zu Gott und völliger Selbstbestimmung zu wählen.

Stufe 5: WECHSELSEITIGE ABHÄNGIGKEIT

Die beiden letzten Stufen sind meist älteren und weiseren Menschen vorbehalten. Sie können Tradition und Freiheit miteinander versöhnen. Ohne das logische Denken aufzugeben, wissen sie religiöse Symbole wieder zu schätzen. Religiöse Feiertage und Rituale wie die Kommunion sind eine spirituelle Nahrung, die auf der vierten Stufe oft abgelehnt wird. Andererseits lassen sich viele auf der dritten Stufe von Traditionen und Dogmen blenden. Wenn wir die Weisheit beider Stufen verbinden, können wir neue spirituelle Höhen erreichen. Dennoch stehen wir auf dieser Stufe möglicherweise vor einem Widerspruch: Wir beten zu Gott wie zu einer Person und wissen doch, dass er keine menschliche Form hat.

Stufe 6: EINHEIT

Auf dieser letzten Stufe verschmelzen alle Widersprüche und Gott wird »allgegenwärtig«. Wir sehen ihn in allen Dingen und in allen Menschen. Jetzt haften wir nicht mehr am Ich, sondern lassen uns von der Liebe leiten. Nach Scotty McLennan besitzen Menschen auf dieser Stufe »ein universelles Mitgefühl und glau-

> **Was meinst DU?**
>
> Das Judentum verbindet mich mit der Tradition und mit einer höheren Macht. Immer wenn das Leben schwer ist, kann ich in meiner Religion Seelenfrieden finden.
>
> ZOE WISEMAN, 16 JAHRE
>
> Ich glaube nicht an Gott, aber ich habe auch eine spirituelle Seite. Ich glaube an das Heilende der Spiritualität und daran, dass unser Geist in anderen Menschen weiterlebt, wenn wir sterben. Es macht mich traurig, wenn andere behaupten, ich sei vom Teufel verflucht, weil ich nicht an »Gott« glaube. Ich bin stolz auf meine Überzeugungen und respektiere andere Auffassungen. Intoleranz tut mir weh.
>
> ANONYM
>
> Die Lehre Buddhas steht meiner Philosophie wohl am nächsten. Sie dringt direkt ins Herz und enthüllt die wahre Natur der Realität und des Universums.
>
> CAITLIN DWYER, 16 JAHRE

ben an die Einheit aller Lebewesen«. Darum können sie sich mit Menschen aller anderen Stufen und Religionen verständigen. Wer diese Stufe erreicht – Beispiele sind Gandhi, Mutter Teresa und der Dalai Lama –, wird oft als großes Vorbild verehrt und geachtet.

Als ich zum ersten Mal von diesen Entwicklungsstufen las, war ich etwas verwirrt. Ich glaubte, ich sei auf der Stufe der Unabhängigkeit, aber zum Teil auch auf mehreren anderen! Wenn ich an einem warmen Sommerabend die Sterne betrachte, spüre ich, dass Gott allgegenwärtig und schön ist. Aber wenn ich vor einem großen Problem stehe, bete ich zu ihm, als wäre er eine Person.

Ist es wichtig, dass ich meine religiöse Entwicklungsstufe genau definieren kann? Überhaupt nicht. Du brauchst keiner Kategorie anzugehören, es sei denn, es hilft dir. Es ist auch nicht sinnvoll, die »spirituelle Leiter« möglichst schnell zu erklimmen, obwohl die Versuchung groß ist, wenn man davon gelesen hat. Ich dachte zum Beispiel: »Wenn ich etwas erreichen will, muss ich unbedingt auf die nächste Stufe klettern!« Aber jede Stufe ist auf ihre Art wertvoll und wichtig, und wir dürfen das Leben nicht als Wettrennen zum spirituellen Berg betrachten. Genieße die Reise und lerne von jeder Stufe.

Worauf kommt es an?

Die Religion hat jedem Menschen etwas anderes zu bieten, unabhängig davon, auf welcher Entwicklungsstufe er sich befindet. Sie kann uns Hoffnung, Rat und ein *Lebensziel* geben. Wenn du der Meinung bist, dass die Religion dir derzeit nichts zu bieten hat, gibt es noch viele andere Möglichkeiten, nach dem Sinn des Lebens zu suchen. Einerlei, welchen Weg du wählst, entscheidend ist, dass du aufgeschlossen und lernbegierig bleibst.

Lesenswerte Bücher

Religionen visuell von John Bowker
Jugendbuch Weltreligionen von David Self
Weltreligionen von Peter Delins und Brigitte Selbig

Die Reise endet nie

WIE GEHT'S WEITER?

Einer meiner Lieblingssongs von Joni Mitchell heißt »The Arrangement«. Es handelt von einem Mann, der in seinem Leben viel erreicht hat und sich fast jeden Luxus leisten kann, den sein Herz begehrt, vom tollen Büro bis zum großen Swimmingpool. Aber in dem Lied heißt es, dass er ständig unzufrieden ist. Er fühlt sich als Gefangener seines wirtschaftlichen Erfolges und sehnt sich nach wahrer Erfüllung. Joni beklagt ihn mit den Worten: »Du hättest mehr sein können als ein Name an der Tür ... mehr als eine Kreditkarte und ein Pool hinterm Haus!«

Ich fürchte, die Geschichte dieses Mannes ist gar nicht so sehr an den Haaren herbeigezogen. Geht es nicht uns allen wie ihm, zumindest in gewissem Umfang? Wir dürfen auf unserer Reise zum wahren Selbst nicht das Ziel aus den Augen verlieren und müssen immer daran denken, dass Glück mehr ist als der Moment, in dem wir einen Pokal, eine gute Note oder ein großes Kompliment bekommen. Solche Äußerlichkeiten bringen uns keine Erfüllung, darum dürfen wir nicht von ihnen abhängig werden. Versuchen wir stattdessen, das Leben als Zug zu betrachten, der uns durch viele schöne und einzigartige Orte führt. Lernen wir, unterwegs die herrliche Aussicht zu genießen, aber auch die vielen Haltestellen.

Ich hoffe, die in diesem Buch beschriebenen Methoden helfen dir auf deinem Weg. Vielleicht verstehst du dich selbst schon ein wenig besser. Aber die Reise ist noch nicht zu Ende. Solange wir leben, eröffnen sich uns immer wieder neue Chancen, und wir können aus ihnen lernen und an ihnen wachsen. Die Seele hat unendlich viel Raum, um sich auszudehnen. Du stehst jetzt vor der Aufgabe, die Einsichten, die du gewonnen hast, im täglichen Leben anzuwenden, sobald du dieses Buch zugeklappt hast. Wie kannst du dein Potenzial ausschöpfen? Nun, ich möchte drei letzte Geheimnisse mit dir teilen. Sie helfen dir, auf dem richtigen Weg zu bleiben, und sie heißen Selbstbehauptung, Zielstrebigkeit und positive Affirmationen.

Selbstbehauptung: Sag, was du denkst!

Du kennst jetzt deine Leidenschaften und Überzeugungen. Aber der schwere Teil steht dir noch bevor: Du musst auch dafür eintreten. Zu viele junge Frauen, die ich kenne, wollen keine Diskussionen auslösen oder in der Klasse die Hand heben, weil man Mädchen heute noch beibringt, Streit und Konflikten aus dem Weg zu gehen. Vielen von uns sind gute Noten und überdurchschnittliche Leistungen peinlich, und wir versuchen, sie zu verstecken, damit wir nicht als »Streberinnen« gelten. Ein junges Mädchen drückte es in *Pubertätskrisen junger Mädchen* ungefähr so aus: Als sie in die High School kam, konzentrierte sie sich lieber auf Sport, weil sie glaubte, dann mehr Freundinnen zu finden. Gescheite Mädchen waren eben zickig.

Also, ich habe Neuigkeiten für euch: Gescheite Mädchen sind nicht mehr zickig! *Meiner* Meinung nach haben sie eine anziehende Persönlichkeit; sie glauben an sich selbst, sind ihren Prinzipien treu und sind einfach tüchtig. Kluge Mädchen wissen, was Selbsterforschung ist. Aber auch wenn du dein wahres Selbst suchst, spürst du wahrscheinlich den Druck, der dich zur Anpassung zwingen will. Manche Leute werden von der Macht

Was meinst DU?

Manchmal ist es schwer, für eine Überzeugung einzutreten.
Ich glaube, das geht den meisten von uns so. Mir fällt es zum Beispiel schwer, einem Jungen, den ich gern habe, zu sagen: »Das ist total frauenfeindlich!«

Liza Birnbaum, 12 Jahre

Meine politischen Ansichten unterscheiden sich zum Teil von denen meiner Bekannten; aber das war nie ein Problem für mich. Ich weiß, dass nicht die Ansichten den Menschen machen, sondern der Mensch die Ansichten.

Julia Halprin Jackson, 16 Jahre

Ich stelle mich nur selten auf die Hinterbeine. Manchmal vergesse ich, dass meine Meinung ebenso wichtig ist wie die der anderen.

Tanya Collings, 14 Jahre

Ich bin sehr rechthaberisch, und manchmal fällt es mir schwer, aufzustehen und zu diskutieren. Aber wenn ich ganz anderer Meinung bin oder wenn jemand brutal oder ein religiöser Eiferer ist, mache ich den Mund auf.

Gillian McHale, 15 Jahre

Vermutlich ist es für Teenager typisch, aber mir gefällt der Gesichtsausdruck der Leute, wenn ich ihnen klar und deutlich sage, was ich richtig finde. Es ist Rebellion, aber hat auch ein wenig mit Sinn für Gerechtigkeit und Moral zu tun.

Caitlin Dwyer, 16 Jahre

deiner Überzeugung sogar eingeschüchtert. *Trotzdem musst du lernen, dich nicht anzupassen, wenn du dir selbst treu bleiben willst.* Auch wenn deine Meinung unpopulär ist, werden die Leute deinen Mumm bewundern und deine abweichenden Ansichten respektieren, obwohl sie das meist nicht offen zugeben.

Wenn du den Weg der Selbstforschung gehst, gehörst du zu

den wenigen, die gegen den Strom der öffentlichen Meinung schwimmen. Vielleicht ziehst du dich auch anders an, hast unbequeme politische Ansichten, glaubst an einen anderen Gott, lachst zu laut oder machst den Mund auf, wenn andere stumm bleiben. Das alles gehört zu deiner Persönlichkeit, und du musst lernen, dich darüber zu freuen. Zwänge dich nie in eine falsche Schablone, um dich einer Clique anzupassen. Natürlich ist es manchmal verlockend, Kompromisse einzugehen, um Jungen zu beeindrucken, gut auszusehen oder als »cool« zu gelten. Aber was ist dir wichtiger: anderen zu gefallen oder ehrlich zu dir selbst zu sein?

Zielstrebigkeit: Die Zukunft liegt in deiner Hand!

Wir haben nur ein Leben (außer wir sind Hindus), und darum müssen wir aus diesem Leben das Beste machen. Sobald wir unsere wahren Wünsche kennen, sollten wir versuchen, sie zu erfüllen. Aber wie? Meiner Erfahrung nach müssen wir uns klare Ziele setzen, um Träume in realistische Pläne zu verwandeln.

Der erste Schritt besteht darin, die Hoffnungen anderer Leute für eine Weile beiseite zu schieben. Eltern, Freundinnen, Verwandte, Lehrer und die Gesellschaft als Ganzes wollen uns eintrichtern, wer wir sein sollen und was wir uns wünschen dürfen. Will dein Vater dich zu einer Spitzensportlerin machen? Lässt deine ältere Schwester dich spüren, dass du es ihrer Meinung nach nie mit ihr aufnehmen kannst? Wirf diese Ketten ab und wende dich *deinen* Wünschen zu. Was erwartest du vom Leben? Was macht dich glücklich? Was für ein Mensch willst du werden?

Ich setze mich regelmäßig hin und schreibe ein paar eigene Ziele in mein Tagebuch. Manchmal sind sie vage und großartig:

Ich will eine Reise um die Welt machen, ein Flugzeug fliegen, in einer berühmten Band singen. Vielleicht kommen dir manche Ziele zunächst lächerlich vor – aber es ist wichtig, große Träume zu haben. Lass deine Gedanken in eine glorreiche Zukunft wandern, in der du einen aufregenden Job hast. Mal dir eine magische und poetische Szene aus. Wonach sehnt deine Seele sich wirklich? Einige deiner Wünsche hast du vielleicht nie zugegeben oder du hast keine Zeit dafür gehabt.

Manchmal setze ich mir auch grundlegende, leichter erreichbare Ziele. *Fang mit dem Gesangsunterricht an. Schreib heute morgen ein Gedicht. Tu etwas für Mama – sie ist so gestresst.* Diese Ziele mögen klein sein, aber sie geben meinem Leben eine Richtung und machen es auf subtile Weise sinnvoller. Formuliere auch du ein paar einfache Ziele, wenn das Leben dir langweilig oder sinnlos vorkommt.

Halt an deinen langfristigen Zielen fest

Neben den hochtrabenden und den einfachen Zielen solltest du auch ein paar grundlegende, langfristige Ziele als Wegweiser durchs Leben haben. Ein spirituelles Leben, eine akademische Karriere und herausragende sportliche Leistungen sind gute Beispiele. Hier sind ein paar Tipps, die dir bei der Wahl langfristiger Ziele helfen:

Sei beharrlich. Gib auch in schweren Zeiten nicht auf. Vielleicht kommen dir deine Ziele gelegentlich langweilig oder unerreichbar vor; aber du wirst nie zufrieden sein, wenn du sie dann sofort beiseite schiebst.

Sei flexibel. Menschen ändern sich, und Ziele ändern sich. Das Leben ist nicht so berechenbar, wie du es gern hättest. Darum musst du deine Erwartungen oft der Realität anpassen.

Test: Sagst du, was du denkst?

Selbstbewusstes Auftreten ist wichtig, auch wenn es nur um Kleinigkeiten geht. Wenn du nicht den Mut hast, um eine Gehaltserhöhung zu bitten, wie kannst du dann gegen Rassismus oder Drogenmissbrauch kämpfen? Wenn du lernst, in alltäglichen Situationen selbstsicher zu sein, bist du auch für heiklere Konfrontationen besser gewappnet. Dieser Test zeigt dir, wie groß dein Selbstbewusstsein ist.

1. Du bestellst bei MacDonald's einen Hamburger, öffnest die Packung und entdeckst einen Fischburger. Was tust du?
   a) Du gehst an die Theke, legst den Fischburger hin und erklärst höflich, dass du einen Hamburger bestellt hast.
   b) Du drängelst dich vor, schmeißt den Fischburger auf die Theke und sagst: »Sie haben da etwas vermasselt. Ich möchte Ihren Chef sprechen!«
   c) Du bittest deine Freundin, die Sache zu klären. Wenn sie ablehnt, zuckst du mit den Schultern und isst den Fischburger.

2. Jedes Mal wenn deine Mutter die Hausarbeiten verteilt, fällt dir auf, dass du kochen, das Bad putzen, Staub saugen und abstauben musst, während dein älterer Bruder nur den Müll rauszutragen braucht. Das hältst du für unfair und sogar sexistisch. Wie reagierst du?
   a) Du erklärst deiner Mutter ruhig und sachlich, warum du diese Aufgabenverteilung für ungerecht hältst.
   b) Du schreist deinen Bruder an.
   c) Du schimpfst leise vor dich hin.

3. Dein Freund mag Heavy Metal, aber du findest diese Musik laut und unerträglich. Was sagst du, wenn er eine neue CD vorbeibringt und dich fragt, was du davon hältst?
   a) »Ich war nie ein Fan dieser Musik. Hören wir lieber Bob Marley.«
   b) »Mein Gott, das ist ja ätzend! Schalt das aus!«
   c) »Mann, diese Musik ist echt cool!«

Auswertung:

Du bist nicht auf den Mund gefallen! Wenn du meist a) angekreuzt hast, sagst du deine Meinung selbstsicher, aber freundlich. Du sagst, was du denkst, ohne andere herabzusetzen.

Halt die Dampfwalze an! Wenn du meist b) angekreuzt hast, sagst du zwar, was du denkst, aber manchmal zu grob. Du brauchst deinem Freund zum Beispiel nicht zu sagen, dass du seine Lieblingsmusik »ätzend« findest, wenn du ihm klarmachen willst, dass du lieber etwas anderes hören möchtest.

Sie kein Fußabstreifer! Wenn du meist c) angekreuzt hast, fällt Selbstbehauptung dir noch schwer. Denk dran: Du bist ein Mensch, der ein Recht auf seine eigenen Gedanken und Meinungen hat. Vielleicht hast du Angst, dass andere dich ablehnen, wenn du nicht ihrer Meinung bist; aber das trifft meist nicht zu. Einige meiner besten Freundinnen haben ganz andere Ansichten als ich. Mach dir klar, dass Leute, die dich nicht so akzeptieren, wie du bist, in der Regel deine Zeit nicht wert sind.

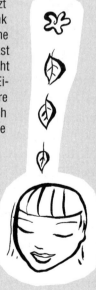

Sei auch stur. Manche Ziele sind nicht verhandelbar, etwa Integrität. Wenn es um deine wichtigsten Werte geht, darf niemand von dir Kompromisse verlangen.

Sei glücklich. Feiere deine Erfolge. Wenn du ein Ziel erreicht hast, freu dich und sei stolz. Für kleinere Erfolge hast du eine Tasse heiße Schokolade verdient. Große Erfolge feierst du mit einem Familienessen, einem Tag der absoluten Entspannung oder einer Party mit Freundinnen. Meist ist ein erreichtes Ziel schon Lohn genug – aber was spricht dagegen, trotzdem zu feiern?

Formuliere dein persönliches Leitbild

Wenn du zielbewusst leben willst, empfehle ich dir, dein persönliches Leitbild zu formulieren. Das ist eines der besten Hilfsmittel, die ich kenne. Wenn eine neue Firma gegründet wird, verkünden Arbeitgeber und Arbeitnehmer häufig gemeinsam ihre Ziele. Das nennt man Unternehmensleitbild. Das Leitbild meines amerikanischen Verlages lautet: »Wir inspirieren zur Ganzheit.« Wenn die Lektorinnen sich überlegen, welche Bücher sie herausbringen sollen, denken sie an das Unternehmensleitbild und fragen: »Kann dieses Buch die Menschen dazu inspirieren, ganz zu werden?« Auch die Angehörigen der amerikanischen Armee haben ein Leitbild: »Sei alles, was du sein kannst.« Solche einfachen Bekräftigungen weisen uns die richtige Richtung und retten uns, wenn wir uns verirrt haben.

Wie formuliert man so ein persönliches Leitbild? Nun, es gibt verschiedene Möglichkeiten. Manche schreiben nur einen Satz oder zwei, andere einen Absatz, eine Seite oder eine Liste. Du kannst eine Autorin, eine Philosophin oder ein Lied zitieren oder ein Bild oder sogar ein einziges Wort verwenden. Was dich inspiriert, ist brauchbar – es muss nicht originell oder tiefschürfend sein.

Mein persönliches Leitbild

Als ich zum ersten Mal versuchte, mein persönliches Leitbild zu formulieren, kam ich nicht weiter. Ich wollte einen perfekten Satz schreiben, der einer Nobelpreisträgerin würdig gewesen wäre. Heute weiß ich, dass ich an meinem persönlichen Leitbild ständig arbeiten muss. Der Kern bleibt zwar gleich, aber den Rest schreibe ich um, wann immer es notwendig ist. Stephen Covey erklärt in seinem Buch *Die sieben Wege zur Effektivität*: »Ein persönliches Leitbild gleicht einem Baum mit tiefen Wurzeln. Es ist stabil und läuft nicht weg; aber es ist auch lebendig und wächst ständig.« So sieht mein persönliches Leitbild derzeit aus:

Ich vertraue meiner Intuition.
Ich probiere immer wieder etwas Neues.
Ich höre zu.
Ich bin mitfühlend.
Ich gebe mir Mühe.
Ich lege Wert auf Ganzheit.
Ich dürste nach Wissen.
Ich liebe so viel wie möglich.
Ist genieße das Leben.

Jetzt bist du an der Reihe. Wenn dir immer noch die richtigen Worte fehlen, überlege dir, was dir im Lauf eines Tages wirklich wichtig ist. Lies ein Buch mit Zitaten oder achte auf den Text der Lieder, die du im Radio hörst. Frag deine Eltern und Freundinnen, ob sie ein persönliches Leitbild haben. Wenn das alles nichts nützt, setz dich einfach hin und schreib auf, was dir gerade einfällt. Leg das Blatt Papier irgendwo hin, wo du es oft siehst (auf den Computer, ins Notizbuch, auf den Spiegel), und lies den Text, wann immer du Inspiration brauchst.

Affirmationen: Nutze die Kraft deiner Gedanken!

In der Grundschule führte Ms. Moser, unsere Lehrerin, einen netten Brauch ein. Vor dem Unterricht bildeten wir einen Kreis und sangen im Chor eine Affirmation: »Ich bin schön. Ich bin klug. Ich bin liebenswert.« Als sie damit anfing, kicherten oder grinsten wir alle. »*Ich bin schön* ... darf man das laut sagen?«, dachte ich damals.

Bald lernte ich, dass man es sehr wohl sagen darf. Es hatte eine magische Wirkung, wenn elf junge Stimmen gemeinsam diese machtvollen Sätze sprachen. Ich spüre heute noch die Energie, die das Klassenzimmer danach erfüllte.

Wir alle können Affirmationen im täglichen Leben anwenden, um kreativer und selbstsicherer zu werden. Außerdem helfen sie uns, wichtige Ziele im Auge zu behalten.

Was sind Affirmationen? Es sind meist kurze, klare Sätze, die etwas Positives bekräftigen. Ist dir schon aufgefallen, wie leicht es uns Menschen fällt, negative Gedanken und Bilder zu formen? Fühlst du dich ihnen manchmal hilflos ausgeliefert? Dann können Affirmationen nützlich sein. Sie machen dich optimistisch und gelassen, weil sie negative Gedanken durch positive ersetzen. Wenn ich mich zum Beispiel dabei ertappe, dass ich meinen Körper runtermache, löse ich die düsteren Bilder mit einer Affirmation auf: »*Mein Körper ist gesund, schön und stark.*«

Affirmationen sind am wirksamsten, wenn du sie laut sprichst und häufig wiederholst. Es ist kein Fehler, sie stumm zu sprechen, während du dir die Zähne putzt oder vor der Kinokasse in der Schlange stehst. Aber ihre Macht ist größer, wenn du sie für stillere Augenblicke aufhebst. Manche Leute stellen sich nach dem Aufwachen vor den Spiegel, schauen sich an und sprechen mutig ihre Affirmation.

Da man uns beigebracht hat, unsere Vorzüge aus »Bescheidenheit« zu leugnen, ist es dir beim ersten Mal wahrscheinlich peinlich, Affirmationen zu sprechen, und vielleicht kommst du dir sogar verrückt vor. Aber je häufiger du es tust, desto deutlicher spürst du, das sie dir Trost und Selbstvertrauen geben. Sei geduldig. Und denk dran, dass eine Affirmation nicht unbedingt in diesem Augenblick zutreffen muss. Es ist sehr hilfreich, etwas zu bekräftigen, was du erst noch erreichen möchtest. Diese Bekräftigung allein kann deinen Wunsch wahr werden lassen!

Bist du bereit für einen Versuch? Hier sind zehn einfache Affirmationen, die du ausprobieren kannst:

1. Ich bin glücklich, gesund, klug und frei.
2. Frieden umgibt mich bei allem, was ich tue.
3. Ich bin kreativ und begabt.
4. Ich löse mich von der Vergangenheit und verzeihe.
5. Ich höre auf meine innere Weisheit. Dank meiner Intuition bin ich sicher.
6. Ich sehe überall neue Chancen.
7. Ich bin freundlich, aber selbstbewusst.
8. Ich bin intelligent und will jeden Tag etwas lernen.
9. Ich liebe und werde geliebt.
10. Ich erforsche mich selbst und entdecke meine eigenen Überzeugungen. Ich bin klug und schön, und ich gefalle mir so, wie ich bin. (Diese Affirmation benutze ich am liebsten.)

Wohin geht die Reise?

Ich hoffe, du hast auf den Seiten dieses Buches manches Brauchbare entdeckt. Für deinen Entschluss, dich selbst zu erforschen, hast du ein Schulterklopfen verdient. Alles, was du gelernt hast, ist ein »Schlüssel zu deinem Königreich« – und das ist ein erstaunlicher Ort. Wenn du dich selbst kennst, führt deine innere Stimme dich immer in die richtige Richtung. Wir ändern uns ständig und entwickeln uns weiter. Darum hört die Selbsterforschung niemals auf und ihr Lohn ist unbegrenzt.

Klar, es ist nicht leicht, ein Teenager zu sein, und gute Chancen kommen nicht fertig verpackt ins Haus. Doch wir lernen auch von Pannen und seelischen Schmerzen. Die unerwarteten, nicht berechenbaren, aufregenden und schmerzlichen Ereignisse in unserem Leben machen uns reifer und stärker. Diesen Wachstumsprozess können wir durch bewusste Anstrengung beschleunigen, und genau darum geht es bei der Selbsterforschung.

Natürlich stoßen wir auf dem Weg zum wahren Selbst auf Hindernisse. Manchmal glaube ich zu wissen, was ich tue, und merke erst hinterher, dass ich mich geirrt habe. Manchmal tue ich anderen weh oder sie mir. Ich habe viele Fehler gemacht – aber das Wichtigste ist, dass ich vom Leben lerne, genau wie du!

Letztlich müssen wir lernen, uns selbst zu lieben und zu akzeptieren. Das ist eine der wichtigsten Aufgaben im Leben. Wenn wir unsere eigene Tiefe erforschen, entdecken wie eine Schönheit, mit der wir nie gerechnet haben. Wir dürfen nicht mit uns selbst Versteck spielen, sondern müssen unsere Seele erforschen. Hör nie auf, Fragen zu stellen. Sei geduldig und nachsichtig. Lerne deine Leidenschaften kennen. Finde heraus, welchen Auftrag das Leben dir gegeben hat, und erfülle ihn.

Als deine Gleichgesinnte auf dem Weg der Selbsterfahrung bewahre ich dich im Herzen und wünsche dir viel Glück!